霊になって半年の
衝撃レポート

渡部昇一
死後の生活を語る

大川隆法
Ryuho Okawa

本霊言は、2017年10月25日、幸福の科学 特別説法堂にて、
公開収録された（写真上・下）。

まえがき

渡部昇一《わたなべしょういち》先生が春の嵐の中、帰天《きてん》されてはや半年になる。まだ少しだけ早いかな、と思っていたのだが、総選挙が終わって、『幸福実現党』などを励まそうとして来て下さったようである。

ちょうど私が大学に入学した頃あたりから、言論界で大活躍された昇一先生は、教養や知の幅広さ、深さの持つ力の意味を教えて下さった。

一九八二年～八三年頃だったと思うが、ニューヨークで「渡部昇一・竹村健一《たけむらけんいち》・堺屋太一《さかいやたいち》」の三先生が、日本人駐在員向けの鼎談《ていだん》をなされた。「三ピン鼎談」とも称していたと思う。私は当時勤めていた会社の、ニューヨーク本社社長宛の招待状を持って、社長代理として二十代半《なか》ばで参加させて頂いた。そして自分も五十歳頃には、大勢の人たちの前で話せるようになりたいと思った。

その後、一九九一年の七月には、当時紀尾井町ビルにあった総合本部で雑誌の対談をして下さった。私は三十五歳、昇一先生は六十歳ぐらいだったと思う。

今、自分が当時の昇一先生の年齢になり、様々な想いが心に去来《きょらい》する。あの頃の先生は、実に颯爽《さっそう》としておられた。二十五歳も年下の私の、知識の薄さを責めることもなく、温かく接して下さった。しかし、圧倒的な勉強量の差は歴然《れきぜん》としていた。私も昇一先生のようになりたいと願い、個人的には勉強を重ね、若い人に対しても、対等に話せるように心がけてきた。

私の勉強が進んだら、もう一度、先生と対談をして頂こうと考えていたら、八十六歳の若さで帰天されてしまった。まことに残念である。しかし、一回目の対談の際にお願いしておいた通り、当会の指導霊の一人としてご指導下さるようである。まことに有難いことで、本書が一般書とは違う、とてもとても大切な本として、一人でも多くの国民に読まれることを望んでやまない。

二〇一七年　十月三十一日

幸福《こうふく》の科学《かがく》グループ創始者兼総裁《そうししゃけんそうさい》

大川隆法《おおかわりゅうほう》

渡部昇一　死後の生活を語る　目次

渡部昇一《わたなべしょういち》 死後の生活を語る

――霊《れい》になって半年の衝撃《しょうげき》レポート――

二〇一七年十月二十五日　収録

幸福の科学 特別説法堂《せっぽうどう》にて

「霊言現象《れいげん》」とは、あの世の霊存在の言葉を語り下ろす現象のことをいう。これは高度な悟《さと》りを開いた者に特有のものであり、「霊媒現象《れいばい》」（トランス状態になって意識を失い、霊が一方的にしゃべる現象）とは異なる。

なお、「霊言」は、あくまでも霊人《れいじん》の意見であり、幸福の科学グループとしての見解と矛盾《むじゅん》する内容を含《ふく》む場合がある点、付記しておきたい。

渡部昇一《わたなべしょういち》　死後の生活を語る

――霊《れい》になって半年の衝撃《しょうげき》レポート――

二〇一七年十月二十五日　収録

幸福の科学　特別説法堂《せっぽうどう》にて

渡部昇一《わたなべしょういち》（一九三〇〜二〇一七）

日本の英語学者、評論家。山形県鶴岡《つるおか》市生まれ。一九五五年、上智《じょうち》大学大学院修士課程修了《しゅうりょう》。ドイツのミュンスター大学、イギリスのオックスフォード大学に留学。上智大学教授を経《へ》て、二〇〇一年より上智大学名誉《めいよ》教授。専門の英語学のほか、保守系言論人として幅広《はばひろ》い評論活動を行う。『英文法史』『知的生活の方法』『発想法——リソースフル人間のすすめ』『ドイツ参謀《さんぼう》本部』『渡部昇一「日本の歴史」』（全七巻）『中国を永久に黙《だま》らせる100問100答』など、著作多数。

質問者　※質問順

武田亮《たけだりょう》（幸福の科学副理事長 兼《けん》 宗務《しゅうむ》本部長）

釈量子《しゃくりょうこ》（幸福実現党党首）

綾織次郎《あやおりじろう》（幸福の科学常務理事 兼「ザ・リバティ」編集長 兼 ＨＳＵ講師）

［役職は収録時点のもの］

1　帰天《きてん》半年の「あの世の生活」とは

死後二十一時間で収録された前回の霊言《れいげん》

大川隆法　今年（二〇一七年）の四月十七日に、渡部昇一《わたなべしょういち》先生が亡《な》くなられましたが、前回、死後二十一時間で私のところに来られ、ここで霊言《れいげん》を録《と》りました。『渡部昇一　日本への申し送り事項《じこう》　死後21時間、復活のメッセージ』（幸福の科学出版刊）という本になっていますが、死んでまもないころに霊言を頂きました。

　ただ、そのころは、あの世の様子などについて、まだそれほど分かっていない状況《じょうきょう》だったかと思います。そのため、生前の考え方を中心に話をされたかと思います。

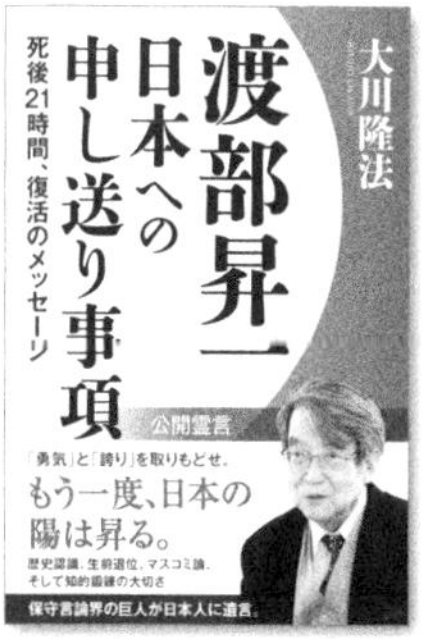

『渡部昇一 日本への申し送り事項　死後21時間、復活のメッセージ』
（幸福の科学出版刊）

また、生きておられたときには、この方の「魂《たましい》のきょうだい」である守護霊《しゅごれい》から霊言を頂き、『渡部昇一流・潜在《せんざい》意識成功法』（幸福の科学出版刊）という本も出しています。

死後半年ほどたち、多少、あの世の生活に慣れてこられたのではないかと思います。まだ全部が分かるところまでは行っていないと思うのですが、「どのような感じなのか」ということをお訊《き》きしたいと思います。

昨日《きのう》の明け方にご本人の霊がお出《い》でになり、二時間ぐらい話をしたのですが、「霊言を録りたいのかな」と感じました。「日本の国や当会に対して、言いたいことがおありなのではないか」という気がします。

ただ、「誰《だれ》もが知っている方が、亡くなってからあの世のことを報告する」ということが、うまくできるかどうか、分からない面もあります。

（綾織に）ジャーナリストの気持ちが残っていて、少しは行けそうですか。

『渡部昇一流・潜在意識成功法』
（幸福の科学出版刊）

綾織　渡部昇一先生ご本人には、生前、あの世に対する関心が非常にあり、ご著書のなかで、「あの世に還《かえ》ったときのことを楽しみにしている」とおっしゃっていたので、おそらく、いろいろとお話ししてくださると思います。

大川隆法　この方が生前に書いたものには、あの世の話を「オカルト」として片付けたりしているところもあったので、私たち幸福の科学とはまだ距離《きょり》のある感じがあったのですが、今回は、何らかの導きになるというか、啓蒙《けいもう》になるような内容であればよいかと思います。

そのあたりのことから話し始めていただきますが、おそらく、「日本や世界のことについて」も関心をお持ちでしょうし、「人間としての生き方」等についても、あちらに還ってからお考えになられたこともおありになるでしょうから、そのあたりを自由に話してもらおうかと思います。

死後、半年たった渡部昇一氏を招霊《しょうれい》する

大川隆法　今日は、あまり前置きをしないで、渡部先生がお話しなさる時間を長く取りたいと思います。いろいろな角度から訊いていただいて、多様な関心を持っておられるみなさんのニーズにお応《こた》えできればと思います。

この方は、宗教的には、おそらくキリスト教と近かったのだろうと思いますが、日本神道《しんとう》もお好きでしたし、いろいろな宗教についても関心をお持ちだったので、単純な「何々の信仰者《しんこうしゃ》」という感じの方ではなく、もう少しオープンハートな方だと思います。

では、お呼びします。

綾織　お願いします。

大川隆法　（合掌《がっしょう》して）死後、もう半年ほどたちました渡部昇一先生の魂よ。

どうぞ、幸福の科学に降りたまいて、今の時期にわれらに言ってくださることがあれば、それをお述べくださり、また、まだこの世に未練を持って生きている多くの人たちに対して、あの世に行ってからのご経験やご感想等をお述べくださって、われらをお導きくだされば幸いです。

渡部昇一先生の霊《れい》よ。

よろしくお願いいたします。

（約十秒間の沈黙《ちんもく》）

渡部昇一（1930 ～ 2017）

上智大学大学院を経てドイツのミュンスター大学に留学。1958 年、ドイツ語で著した学位論文が現地で出版される。その後、イギリスのオックスフォード大学に留学し、帰国後は上智大学教授を務めた。

専門の英語学にとどまらず、教育、歴史、政治など幅広い分野で言論活動を展開。1976 年、『腐敗の時代』でエッセイスト・クラブ賞を受賞。同年に刊行した『知的生活の方法』は、100 万部を超えるベストセラーとなった。

特に、「南京《ナンキン》大虐殺」や「従軍慰安婦」を虚偽であると断言するなど、東京裁判史観の誤りを指摘。日本の誇りある歴史観を取り戻すための言論を数多く打ち出し、保守言論界の重鎮として活躍した。1985 年、第 1 回「正論大賞」受賞。2015 年、瑞宝中綬章《ずいほうちゅうじゅしょう》受勲。

政府関係では、税制調査会特別委員などを務め、天皇陛下の生前退位に関する政府主催の有識者会議では、退位に否定的な見解を示した。

『日本史から見た日本人（古代編・鎌倉編・昭和編）』（祥伝社）、『税高くして民滅び、国亡ぶ』（ワック）、『ハイエク―マルクス主義を殺した哲人』（PHP 研究所）など、著書多数。また、1960 年代に、大島淳一《おおしまじゅんいち》名義でジョセフ・マーフィーの著作を翻訳（『マーフィー　眠りながら成功する』〔知的生き方文庫〕等）し、潜在意識の法則を日本にいち早く紹介したことでも知られる。

2 死んだらどうなる？① 不思議な「時間」と「空間」

「こちらの世界には朝がないし、季節もない」

渡部昇一　（咳払《せきばら》い）うーん。

武田　おはようございます。

渡部昇一　う、うーん。おはよう。

武田　渡部昇一先生でいらっしゃいますでしょうか。

渡部昇一　「おはよう」ったってね、「朝」ってもんがないんだよ、朝っていうのが。

武田　ないんですか（笑）。

渡部昇一　ああ。朝っていうのがないんだなあ。
君たちは、目覚まし時計と腕《うで》時計（を使う）だろう？

武田　はい、はい。

渡部昇一　こっちの世界にはねえ、朝ってもんがないんだなあ。朝がない。いやあ、何か変な感じだな。
やっぱり、生きている間、時計に追われていたのかなあ。時計で区切り、「今、何時だから」と思って考えていたじゃない？　それがないんだよなあ。

だから、「半年ぐらいたった」って言われたら、「そうかなあ」っていう気もするんだけど、分からないんだよ。

だから、（目の前にある置き時計を見て）こうやって確認しないとね。

今は何年何月？

武田　二〇一七年十月二十五日になります。

渡部昇一　（私が死んだのは）四月だったかな？

武田　はい。

渡部昇一　半年ちょっとだな？

武田　半年ちょっとですね。

渡部昇一　いや、半年っていうのもねえ、「ある」ようで「ない」ようで「ある」ようでね。うーん。分からない。だから、季節っていうのはねえ、「ない」ようで、「ない」んだよ。

武田　ないんですか。

渡部昇一　そんな、はっきりしたものはね。

武田　ふーん。

渡部昇一　それを感じる所にいる人もいるのかもしれないから、全部については私には分からないけど、ただ、（ここには）季節もなくて……。
アインシュタインの相対性理論の世界かなあ。何かに熱中していると、あっという間に時間が過ぎて、退屈《たいくつ》していると、無限に長いように感じられる。そんな伸《の》び縮みする時間のなかを生きているような感じかなあ。

「太陽って、見たことないなあ」

武田　では、ずっと昼間なんですね？

渡部昇一　うーん。

武田　外には、やっぱり太陽が出ているんですか。

渡部昇一　太陽……。太陽って、見たことないなあ。太陽っていう感じじゃあ……。

まあ、（周りが）見えるから、これ、昼なのかねえ。昼だけど、夜はないよ。

武田　夜はないんですね。

渡部昇一　〝夜がない昼〟だから、ほんとに昼かなあ。夜があって昼があるだろう？

武田　はい。

渡部昇一　相対的だけど、まあ、夜がないんだよ。

いやあ、私みたいに、夜型にしたり朝型にしたり、いろいろライフスタイルを変えてきた人間にとっちゃあ、「時計がないし、夜も昼もない」っていうの、これは、どうしたらいいことやら……。

太陽……。
太陽って、見たことないなあ。
時計がないし、夜も昼もない。

どうなんだね？
武田　（笑）そうですね。
渡部昇一　君たち、これ、うらやましいかい？　うらやましくないかね？
武田　うらやましいところもあると思います。
渡部昇一　ああ、そうかい。一日中、働きたい？
武田　はい、そうですね（笑）。
渡部昇一　ずっと、寝《ね》もしないで？

武田　ええ。「有意義なことに没頭《ぼっとう》してみたい」という場合も……。

渡部昇一　そういう「勤勉な人」にとっては、いいかもしらんなあ。

武田　ええ。

渡部昇一　「夜も昼も朝もない」からさあ。だから、仕事をしようと思えば、ずっとやっている感じになるけど、精神的にねえ、ちょっと、「疲《つか》れた」とか、「休みたい」とか、そういう気持ちになることはあるんだよな。

武田　そうですか。

渡部昇一　そういうときには、ボーッとしていたり、座《すわ》ったり横になったりはできるんだけどね。だけど、「眠《ねむ》らなきゃいけない」っちゅうこともないからさあ。

武田　なるほど。

「睡眠《すいみん》」や「食事」はどうする？

武田　では、地上に生きていたときに感じた、「睡眠《すいみん》を取りたい」とか、「食事をしたい」とか、こういう気持ちはどうなってしまうんでしょうか。

渡部昇一　だから、睡眠っていうのはね……。昔もというか、生前も……。うーん。生前になるのか。

武田　はい。

渡部昇一　年を取ってからは、ちょっと昼寝をしたりしていたから、（こちらでも）そんな気持ちになるときは、あることはあるんだけど。
食事ねえ。食事……。うーん。人と会ったりしていると、何もないのも手持ち無《ぶ》沙汰《さた》だから、何か食べたり飲んだりしているような気になることはあるけど、（それが）ほんとのことかどうかはよく分からない感じだから……。

武田　分からないんですね。

渡部昇一　でも、何となく、〝物〟があったりすることはあるんだけどなあ。
滑《すべ》るように移動したり、瞬間《しゅんかん》的に移動したりする

武田　生前、散歩を習慣にされていたそうですけれども……。

渡部昇一　うん、うん。うん、うん。

武田　天上界《てんじょうかい》には、何か運動はあるのですか。

渡部昇一　いやあ（笑）、「散歩しよう」と思えば、散歩はできるんだけどねえ、あのねえ（苦笑）、足が着いていない感じ？

武田　（それが）ありますか。

渡部昇一　「地面を踏《ふ》みしめている」っていう感じはないから、〝無重力〟にちょっと近いかなあ。

「滑《すべ》るように」と言うべきか、「無重力」と言うべきか分からないけど、歩いている気分は、ないわけではない。ただ、「幽霊《ゆうれい》」と言われると私は困るんだけど、スーッと行く感じはあるねえ。

武田　なるほど。

渡部昇一　歩くような感じで、（両手を交互《こうご》に前に出して）こう左右（の足を）動かして動けば、そのような気にもなるんだが、でも、そうじゃなくて、「あそこの丘《おか》の上に上がりたいなあ」とか思うと、もうそこにヒュッと来ている感じ。

武田　瞬間《しゅんかん》的に行ってしまう？

渡部昇一　うん。そういうのもあるからさあ。だから、歩いている感じも、フッと移動しているような感じもあるから、これはいわく言いがたいなあ。便利と言やあ

「あそこの丘《おか》の上に上がりたいなあ」
とか思うと、
もうそこにヒュッと来ている感じ。

便利なんだけど。

だから、物理的空間っていうか、自然っていうか、そういうものが、ほんとにあるのかないのかが、よく分からない感じかなあ。

コンピュータの画面を見れば、そのなかにヒュッと飛び込《こ》んでいくような感じで、「ああ、いいなあ」と思ったら、スッと行っちゃうようなところがある。

いやあ、「距離《きょり》感」と「時間の感覚」が（この世とは）まったく違《ちが》うね。

あの世への移行はサナギがチョウになるようなもの

釈　本日は、ありがとうございます。

渡部昇一　やあやあ。やあ。

釈　昇一先生のご帰天《きてん》後の追悼《ついとう》ミサに、私は参加させていただきました。

渡部昇一　うん、うん。

釈　たくさんの方が悲しんでおられ、それから半年がたちましたが、あの世に還《かえ》るときのことについて、順を追って描写《びょうしゃ》し、お教えいただいてもよろしいでしょうか。

渡部昇一　描写ですか。

釈　亡《な》くなったあと、地上の方々が悲しんでいるのは、よく伝わってくるものでしょうか。

渡部昇一　うん。それは分かる。

釈　保守の学者の方々も、追悼ミサのとき、ずいぶん涙《なみだ》を流していた方や、法学者の八木秀次《やぎひでつぐ》先生など、男泣きをしていた方もいますが、非常に強い悲しみを持たれている方の気持ちは、ビンビン伝わってくるものなのでしょうか。

渡部昇一　泣く必要はないと思うんだけどね。君たちが考えているように、あの世に行くのはごく自然なことで、サナギがチョウになるような移行なんでね。普通《ふつう》、サナギがチョウになって、泣くかね？

武田　泣かないですね。

渡部昇一　だから、それはあくまでも、この世の立場だわな。この世で会えなくなると思うから泣くんだろうけど、サナギからチョウになって泣かれたら、チョウチョはびっくりするだろうね。

釈　ご家族やご親族のことは、どう見えていらっしゃるのですか。

渡部昇一　うーん。少しは寂《さみ》しかろうとは思うが、「九十五（歳《さい》）まで生きてくれなくてよかった」と思っている人もいるかもしらんなあ（笑）。それについては具体的には知らんがさ。ほんとに、「そんなに頑張《がんば》られても困るんだけどなあ」っていうところも。

「見たい本やページがあると、それがパッと現れる」

釈　昇一先生のお宅には、たいへん大きな書庫がございましたけれども、本に対する思いは、きれいさっぱりと捨てて……。

渡部昇一　いやあ、本に対する執着《しゅうちゃく》は、ずいぶんあるにはあったが、本は重くて、あの世まで持って還れんからさあ。引きずって還れないんでね。

いや、あれも、よく考えておかないと、唯物論《ゆいぶつろん》になっちゃう可能性もあるからな。あまり本のことを言うとね。

ただ、こちらにもねえ、（本が）あることは「ある」んだよなあ。

これが本当のものなのかどうか、私には分からないんだけど、こっちにも図書館のようなものはあって、連れていってもらったことはある。そこには、この世で出されている本とか、昔出されていた本とか、あの世で出されている本とか、いろいろなものがあることはあって、参照したり調べたりすることはできるんだけどね。

不思議なことに、「こういう本がなかったかなあ」と思ったら、それがスッと出てくる感じだし、「このなかに、こんなことが書いてなかったかなあ」と思うと、そこのページがパッと出てくるみたいな感じだね。

そんな現れ方なので、どちらかというと、今のコンピュータ系の事業が先に進んでいった〝未来社会〟のような感じかなあ。

本のページを繰《く》って見るんじゃなくて、こちらが「見たい」と思っているものが、そのページになって現れてくるような感じなんだね。
ただ、もしかしたら、「あの世に移行してまもない人」用の方便《ほうべん》として、これが現れている可能性もあるので、これが実体なのかどうか、まだ十分には分からないけど、私みたいな本好きの人には、本のようなものを見ることができるチャンスはあるなあ。

「自宅はまだないが、家のなかにいなくてはならない理由はない」

渡部昇一　まだ「自宅」っていうものが建設されていなくてねえ。これ、どうやってつくったらいいんだろうね。まだ、そこまで行っていなくて……。

綾織　今は、どういう所にいらっしゃるんですか。

「こういう本がなかったかなあ」
と思ったら、
それがスッと出てくる。
「このなかに、
こんなことが書いてなかったかなあ」
と思うと、
そこのページがパッと出てくる。

渡部昇一　うーん。いやあねえ、それが難しいところなんだ、君ねえ。

綾織　はい。

渡部昇一　「今は」と言われると、（地上の）人間じゃないからさあ。

食べるような気分を味わうことはあるけど、（本当に）食べているわけじゃないから、食べない以上、出すわけじゃないだろう？　出すわけじゃないから、トイレが要《い》るわけでもなく、また、雨風があるわけじゃないから、屋根が要るわけでもない。

寝なきゃいけないぐらいかな。でも、必ず寝なきゃいけないわけじゃないので、ベッドが必ず要るわけでもないしさあ。

だから、家のなかにいなきゃいけない理由が特にあるわけではないし、「外にいたら、風雪で苦しい」っちゅう感じでもないしさあ。

霊界《れいかい》ではいろいろな時代の人と会える

釈　そちらの世界でのお姿はどんな感じでいらっしゃいますか。

渡部昇一　ええ？　そらあ、自分の姿はよく見えないけども（笑）。まあ、気持ち的には生前の延長みたいなつもりではいるんだけど、具体的にテレビに映るわけでもないしさあ。鏡を見るわけでもないので、よくは分からないけど、自分でいるような気持ちだけは持ってる。

綾織　どなたかと一緒《いっしょ》にいらっしゃる状態なんですか。生活をしている感じはあるのでしょうか。

渡部昇一　ああ、会いたいと思えば会えるけど、いつもいつも一緒にいるというような、家族みたいな存在はない。そういうのはないんだよ。
例えば、「●谷沢永一《たにざわえいいち》先生と会いたい」とか思うと、フッといつの間にかどこかで、何か雰囲気《ふんいき》が合っているようなところで……。
「今回は京都の谷川《たにがわ》がよく見える、ちょっと風光明媚《ふうこうめいび》な所で、中国の仙人《せんにん》みたいに酒を飲み交《か》わしながら話しているような気持ちになりたい」っていうような気分が出てくると、そんな所に何となくいて話しているような、なぜかそういう所にいる感じ？

　気分が変われば、またちょっと違うこともあるんだけど。

釈　いわゆる「学者村」といいますか、生前のご職業が近いような方と一緒にいるというわけでもないんですね？

●谷沢永一（1929 ～ 2011）　日本の評論家、書誌学者。関西大学文学部を卒業後、1969 年に同教授となるも、1991 年に定年より 9 年早く退職して名誉教授となる。読書家、蔵書家として知られ、保守の論客としても活躍した。（上）『幸福実現党に申し上げる―谷沢永一の霊言―』（幸福実現党刊）

渡部昇一　会いに来る人は……。まあ、半年間か知らんけれども、先にあの世に旅立っていた人と、「ああ！」「ああ、ああ」っていうような感じの方は、何度か、何人かお会いすることはあるけど、一緒に生活しているという感じじゃないね。

綾織　先ほど、谷沢先生のお名前が挙がりましたけれども、前回の霊言《れいげん》では●岡崎久彦《おかざきひさひこ》先生等にもお会いになったと伺《うかが》いました（前掲《ぜんけい》『渡部昇一　日本への申し送り事項《じこう》　死後21時間、復活のメッセージ』参照）。

今、そういう方々とはどのような話をされていますか。

渡部昇一　みんながそれぞれどこを根城《ねじろ》にして何をしているんだかは、よく分からないんだ。

例えば、河原《かわら》の土手が果てしなく続いているとして、土手のどこに穴を掘《ほ》って、ビーバーなりタヌキなりが……、アライグマか？　そういうのが住んでいるかは、

●岡崎久彦（1930 ～ 2014）　外交評論家・政治評論家。元外交官。東京大学法学部在学中に外交官試験に合格し、1952 年、中退して外務省へ入省。外務省調査企画部長、情報調査局長、駐サウジアラビア大使、駐タイ大使等を歴任。親米保守派の評論家の一人であった。（上）『外交評論家・岡崎久彦 ―後世に贈る言葉―』（幸福の科学出版刊）

ちょっとよく分からないような感じなんだけど。

まあ、「会いたい」と強く思うと、向こうも忙《いそが》しくなければ、〝感応《かんのう》〟してくる感じで。携帯《けいたい》電話があるわけではないが、何となく気分、フィーリングが合えば、どこかで会っているということはある。

いつの間にか空間移動する、霊界《れいかい》の不思議

綾織　「あの世で意外な人と会いました」というような話はありますか。
渡部昇一　まあ、そらあ、恩師とかね、そういう方は会いましたから。この世で何十年か会えなかった恩師たちに会いましたけど。まあ、君たちは知らない方々であろうから。
そういう恩師たちとも会えたりはしましたし、あと、ちょっと時代錯誤《さくご》的な、「こんな人がいるわけない」と思うような時代の人が、ときどきいたり……。

だから、明治時代の人に会ったり、もっと古い時代の人たちに出くわしたりするようなことは、ときどきあるねえ。

綾織　具体的には、どういった方々なのでしょうか。

渡部昇一　うーん、まあ、日本で言うと、日本史のなかで名が知られているような人等々と会ったりとかいうようなこともあるし、文学者みたいな感じの人とも会うし、外国の人もたまに会うこともあるんでね。

外国の人と会っていると、日本で会っていたような気がするのに、いつの間にか外国に場所が移っているような感じに見えることもあって。「あれ？　日本で会ってたような気がしたのに、ここはアムステルダムかなあ？」とか、「ここはロンドンかなあ？」っていうような感じになるときもある。

「空間移動」っていうのかなあ。それが、すごく不思議な感じで移動するんで。

うーん、何だろうねえ。ここは不思議だね。よく分からない。

だから、自分らでセットして、するわけじゃないのでね。そこに移動するとか、そういう感じはまったくない。誰《だれ》か裏方の道具係みたいに、自然にやってくれている人がいるのかどうかは知らんけど、何かそういうセッティングをしてくれるような、そんな感じかな。

3 死んだらどうなる？② 自分の過去世《かこぜ》が分かるのか？

ハイエク、アダム・スミス、プラトンには会えたか

釈　渡部先生のご生前のご著書では、ハイエク先生や、もっと古い方ではアダム・スミス先生やプラトン先生について、いろいろと言及《げんきゅう》されていたと思います。ご著書に書かれるときなどに、参照されていたような先生がたがいらっしゃると思うんですけれども、そういう昔の方々にも、ヒョイッと会えてしまうのでしょうか。

渡部昇一　なんか、あなた、ちょっと〝大きいの（ビッグネーム）〟を出してきたね、今ねえ。いやあ、僕《ぼく》をチェックしようとしてるんだな？

釈　いやいや、そんなことは……。

渡部昇一　あのねえ、もう、そらあ、私が〝ホラ吹《ふ》き〟かどうか、ちょっと試《ため》そうとしてるんじゃないの？　ハイエク先生だとか、そんな偉《えら》い人ばっかり……。誰《だれ》を出したっけ？　ハイエク先生……。

釈　アダム・スミス……（笑）。

渡部昇一　アダム・スミスに、何？　ソクラテス、プラトン？　誰だっけ？

釈　どなたでもよろしいのですが（笑）。

渡部昇一　いや、僕が（霊界《れいかい》の）どのへんにいるか、調べようとしてるんだ。

釈　いやいや（苦笑）。

渡部昇一　意図《いと》は分かってるんだ。

綾織　ご生前は、日本でハイエク先生の通訳をされていましたので、ご縁《えん》はあると思います。

釈　はい、ご面識もあられましたので。

渡部昇一　いやあ、ちょっと手厳しすぎないか？　最初から。

あの世（霊界）では各人の意識の高さに応じて住む世界が分かれており、四次元幽界から九次元宇宙界まである。地獄界は、四次元のごく一部に存在している。『永遠の法』（幸福の科学出版刊）等参照。

ベンジャミン・フランクリンが自分とは畏《おそ》れ多い

釈　それでは話題を少し変えまして、幸福の科学の霊査《れいさ》によると、渡部先生の守護《しゅご》霊《れい》様（過去世《かこぜ》、●魂《たましい》のきょうだい）は、ベンジャミン・フランクリンや在原業平《ありわらのなりひら》と言われています（『フランクリー・スピーキング』〔幸福の科学出版刊〕等参照）。

ご生前は、そのお名前を聞いてお喜びになりつつも、ご自身だとまでは認めていらっしゃらなかったようなんですけれども、現在のご認識は、どんな感じでいらっしゃいますか。

渡部昇一　いや、認識はねえ、難しいです。やっぱり、よく分からない。人間としての「渡部昇一の個性」で自分を認識しているから、「それ以外の個性が自分である」

『フランクリー・スピーキング』（幸福の科学出版刊）

●魂のきょうだい　人間の魂は、原則として「本体が１人、分身が５人」の６人グループによって構成されている。これを「魂のきょうだい」といい、６人が交代で、一定の期間をおいて違う時代に地上に生まれてくる。『太陽の法』（幸福の科学出版刊）等参照。

ということを認識するというのは、やっぱり、そうとう難しいことだね。

だから、そんなことはまったく知らずに生きている人が大多数なんでね。あるいは、「『あれ、君だよ』と言われて、分かるか」という感じなんで、普通《ふつう》はそうなんです。

綾織　実際にご対面されたときは、どういう状態だったのでしょうか。

渡部昇一　いや、そんなねえ、自分だとは、畏《おそ》れ多くも畏《かしこ》くも、それは言えないからさあ。

だから、ベンジャミン・フランクリンみたいな人だったら、偉いなあとは思うけど。会ったことはありますけども、いやあ、「それは自分だ」と言われて、「はい、そうですか」っていうわけにもい

ベンジャミン・フランクリン（1706 ～ 1790）　アメリカの政治家、外交官。フィラデルフィアにおいて印刷出版業で成功を収め、後に政界へ進出した。また、アメリカ独立宣言の起草委員や憲法制定などに参加。建国の父の一人として讃《たた》えられている。また、科学者、哲学者としても多くの功績を遺した。

かないのでね。「へへェ」と言ったら、ちょっと江戸《えど》時代の侍《さむらい》みたいになるからあれだけど、自然自然に頭が下がるというか、「いやあ、あちらのほうが、ちょっと偉いんだろうかなあ」と、やっぱり、いちおう思うじゃない？　まあ、英文学者としては。

「ベンジャミン・フランクリンが自分と同じだ」とか、それはねえ、「嘘《うそ》つきの罪により、地獄《じごく》に堕《お》ちている」と言われる可能性があるような気がするから、会ったとしても、「自分だ」と言って……。

うーん、分からない。たぶん、認識が変われればそうなるのかもしれないけど、ちょっとそれは、スッとは分からない。ただ、何か縁のある方なのかなという感じはする。

在原業平というのも、それは、こちらへ来て見ましたけどね、それを「私」と言われてもね

在原業平（825 ～ 880）　平安時代前期の歌人、官吏。六歌仙・三十六歌仙の一人。歌風は情熱的で、『古今和歌集』をはじめとした勅撰集《ちょくせんしゅう》に多くの歌が収録されている。また、美しい容姿のため、後世、美男の代名詞とされた。『伊勢物語』の主人公のモデルともいわれる。

え……。

いや、私はそんなにねえ、女性を口説《くど》いた覚えがないからさあ。

綾織　（笑）

渡部昇一　私かどうか、それは知らない。

昔は、「学歴がどこそこだ」とか、「東大を出ました」とかさ、「何とかのエリート会社に勤めています」とかいう経歴の代わりに、「歌を詠《よ》むのがうまい」とかいうのが十分通用したというから、それで女にモテたらしいという話はあるんだけど。「素晴《すば》らしい歌を詠める人は、さぞかし光源氏《ひかるげんじ》みたいな人だろう」と思われるということらしいんだけど。

いや、その感覚は、素直には、私には分からないよね。

「魂《たましい》のきょうだい」を受け入れるとアイデンティティーが……

釈　幸福の科学では、「魂《たましい》のきょうだいが、あの世に還《かえ》ったあとに記憶《きおく》を共有する」

という教えもあります。

渡部昇一　いや、そういう人もいるだろうけど、やっぱり、八十六年もこの世に生きていたらさ、いちおう〝個性〟が立ってるじゃない、ね？〝キャラ〟がな。だから、渡部昇一として生きた人間が、ベンジャミン・フランクリンと一緒《いっしょ》とか、在原業平と一緒とか、ヤン・ヨーステンがどうのこうのとか言われても……（前掲《ぜんけい》『渡部昇一　日本への申し送り事項《じこう》　死後21時間、復活のメッセージ』等参照）。

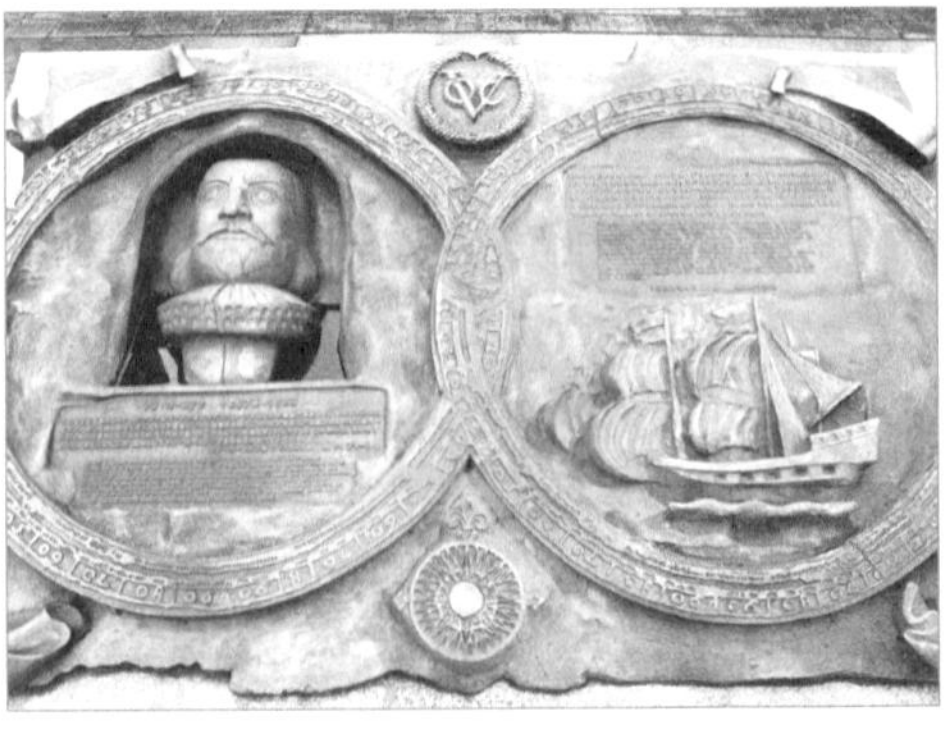

ヤン・ヨーステン（不明〜1623）　オランダの航海士・貿易家。1600年、リーフデ号で豊後国《ぶんごのくに》（大分県）に漂着。同船していたウィリアム・アダムズ（三浦按針《みうらあんじん》）らと共に徳川家康に仕えた。居宅があった八重洲《やえす》（東京都中央区）の地名は、彼の日本名である耶揚子《やようす》に由来するとされる。

それはねえ、会うことはあるけど、「それが自分だ」とか、「あれ、あんただよ」とか言われても、ドッペルゲンガー現象じゃないからさ。そう言われてもさあ、スッとは分からん。これは、もうちょっと霊界の教育を受けないと分からないのかもしれないし。

でも、私の見たところ、大多数の人は、そういうのは分からないままで終わってるような感じだねえ。

たぶん、（あの世の）役場みたいなところに行って、〝戸籍簿《こせきぼ》〟を見たら、載《の》ってたりするのかなあと思います。「長男、次男、三男がいる」とかいうような感じで載ってるんじゃないかと思うんだけど、それは調べてみないと分からない感じかなあ。

綾織　今、お名前が挙がったお三方以外で、魂のきょうだいは……。

●ドッペルゲンガー　自分とそっくりの姿をした分身のこと。あるいは、同じ人物が同時に複数の場所に姿を現したり、自分がもう一人の自分を見たりする現象のこと。自己像幻視。

渡部昇一　だから、「難しい」と言ってるのに、あなた、突《つ》っ込《こ》んでくるなあ（会場笑）。

綾織　（笑）ここは、もう分からないわけですね。

渡部昇一　要するに、「自分が自分でなくなる」っていうかね、アイデンティティーが崩壊《ほうかい》するわけよ。

私は、八十六年かかってね、自分の個性をつくってきたわけよ、この世の人間としてのね。だけど、それがさあ、君らの言うことを聞いたら、もう、何かねえ、片栗粉《かたくりこ》にお湯を差して、混ぜて、みんな混ざって一緒になりそうな気がするから、いちおう抵抗《ていこう》感はあるのよ。

綾織　ああ、なるほど。

渡部昇一　そらあ、「一緒にされてたまるか」という感じかなあ。「だんご3兄弟」というのがあったけどさ、「串《くし》に刺《さ》されたからって、『きょうだい』って簡単に言うなよ」っていう感じはあるわな。

4　死んだらどうなる？③ 葬式《そうしき》、お墓《はか》、信仰心《しんこうしん》の深い意味

あの世での導き役はいるか

釈　渡部先生のご帰天《きてん》後は、ガイドといいますか、あの世について教えてくださるような導きの方はいらっしゃいますか。

渡部昇一　ガイドねえ。まあ、いろいろ来たわねえ。「日本人系」と「キリスト教系」と両方来たような気もするし、どっちとも言えないような人もいたような気もするが。

ガイドっていうより、私も地方に講演会とかで行ったけど、行ったら世話役の方が出てきて、「どうぞどうぞ、こちらへ」って言ってる感じで、いろんな人に引き

●ガイド　ここでは、死後、死者を霊界へ案内する「導きの霊」という意味。

合わせてくれるような、そんな感じが多くて。ガイドと言われて、そうなのかどうかはよく分からんけど。世話役っていうか、そういう仕切りは、何かの場があったらしてくれるようなことはあるけど、ガイドっていうタイプの人なのかどうかは、それはちょっと分からない。

武田　先ほどのお話では、過去世《かこぜ》の魂《たましい》のきょうだいを、「この人は、君だよ」と言ってくれた人がいたということでしたが、それはどういう方なのでしょうか。

渡部昇一　「言ってくれた人がいた」というか、いやあ、そうでもないよ。みんなねえ、バラバラに生きているんでね。

武田　バラバラに（笑）。

渡部昇一　そんなに分からないんだよ。そんなことは、よく分からん。でも、聞くところによれば、忍者《にんじゃ》が「分身の術《じゅつ》」で、バッと何人にも分かれたり一人に戻《もど》ったりするように、そういうことができるようになることもあるらしい。それは、こっちに来て聞いたこともあるけど、ちょっとまだ、そういうことは自分ではできないので、よくは分からない。

「シルバー・コード」が切れるときの〝脱皮《だっぴ》〟感覚とは

武田　話が戻ってしまうのですけれども、前回は死後二十一時間で幸福の科学にお越《こ》しになりました。

渡部昇一　ああ、うん、うん。

武田　そのときのことと、それ以降のことについてお伺《うかが》いしたいのですが、当時は

●シルバー・コード（霊子線）　魂と肉体を結ぶ霊的な糸のこと。これが切れるときが人間の本当の死であり、心臓停止後、一日ぐらいかかることが多い。

•「シルバー・コード（霊子線《れいしせん》）」がまだつながっていたと思います。これが切れたときというのは、どういう感覚なのでしょうか。

渡部昇一　まあ、日本的に言えば、三途《さんず》の川を渡《わた》り切ったら、切れるんじゃないの？　そういうことだと思うけど。

武田　「シルバー・コード」がつながっているときと、切れたあととでは、何か変わるのでしょうか。

渡部昇一　それは、さっき言った、〝脱皮《だっぴ》〟する感じ。だから、青虫の体から完全に脱《ぬ》けて、最初は羽が濡《ぬ》れた感じでクシュクシュッとしているのが、羽が乾《かわ》

映画「永遠の法」（2006年公開／製作総指揮・大川隆法）のなかでは、霊界世界の真実が数多く描写されている。（上）三途の川を渡る霊人たちの様子。

いて、伸《の》びてきてピンとして、飛び立ったときが、切れたときだわな。だから、「自分も死んで霊界《れいかい》に来たんだなあ」という自覚ができたときは、たぶん、切れているんじゃないかな。

武田　体が軽くなる感覚や、温かくなる感覚など、何かあるのですか。

渡部昇一　死んだときの自分の体調が壊《こわ》れてはいるからさ。たぶん、霊になっているんだろうけど、最初は、その感じがちょっとまだ残ってるっていうか。病人っていうか、その感じがちょっと残ってるのが、だんだん薄《うす》くなってくる感じかなあ。

「葬式《そうしき》」や「お墓《はか》」は自分が死んだことを確認するための大切なもの

渡部昇一　あとは、葬式《そうしき》をしたり、いろいろして、そういう儀式《ぎしき》を……、まあ、儀式は大事だね。いちおうね。

武田　ああ。

渡部昇一　今は、自然葬だ何だってやっていて、もう、教会に頼《たよ》らなかったり、神社仏閣《ぶっかく》でやらずに、坊《ぼう》さんもなしでやろうっていうんだけど、やっぱり、いちおう儀式はあったほうがいいような。

というか、自分が認識するのにな。「死んだ」って言われても、なかなかその気が起きてこないから、やっぱり、自分の写真を飾《かざ》られたり、まあ、泣いてくれる方もいらっしゃるけど、そういうところに人がいて、「ああ、やっぱり、死んだのかなあ」っていう実感が、多少、してくるから。

今、何て言うかなあ。無信仰《むしんこう》で、無宗教で、そういうものは要《い》らないし、老後の資金が惜《お》しいから、ケチろうとしてる人が増えてきていると言ってるけど、単に灰になって海なんかに散骨されたら、そのあと、ちょっと動揺《どうよう》してる人なんかはいるんじゃないか。

武田　ああ、そうですか。

渡部昇一　うん、うん。やっぱり、そうは言っても、ちゃんと葬式をやってもらって、お墓《はか》っていうかなあ、そういうものがあったほうがいいような気はするよ。なんかね。

やっぱり、ときどき死んだことを確認しないとよくないし、それを確認できない人は、死んだかどうかが分からなくて、けっこう、この世のへんをうろうろしてる人もいっぱいいるような。病院とかね、そのへんか、あと、家のなかにいる人もいるようだ

幸福の科学で行われている納骨法要の様子（総本山・那須精舎《なすしょうじゃ》、栃木県那須町）。

（自分が死んだことを）確認できない人は、
死んだかどうかが分からなくて、
けっこう、この世のへんを
うろうろしてる人もいっぱいいる。

から。

この世がねえ、もう、信仰深い人が少なくなってるから、死んですぐスーッと(天上界《てんじょうかい》に)上がれるっていう感じは、あんまりないんで。やっぱり、「この世の生活を続けたい」っていうかなあ、「慣性の法則」か。そういうのが働いているから。

私は、もう退官はしていたけども、大学の先生なんかが死んだら、またカバンを提《さ》げて、すぐに学校に行きたがるような感じはあるわなあ。事故で亡《な》くなったようなお子さんでも、やっぱり、カバンを提げて、セーラー服で学校に通いたがるみたいなことはあるわな。

だから、死んだことに気づいていない人は、けっこういっぱいいる。これは散見しました。はい。

「宗教はもっと大事にしたほうがいいよ」

釈　では、すみやかな死後の旅立ちには、ある程度、あの世のことを知っておくことがとても大事だということですね。

渡部昇一　ああ、大事だねえ。

儀式だけっていうか、「葬式仏教」とか言われるけど、葬儀をやってくれる人？　まあ、それは宗教家だけど、そういう人はいてくれたほうがいいし、お墓とかなあ、いろいろあったほうがいいし。教会とか神社仏閣等で、神様っていうかさ、仏様っていうかさ、そういうもっと上の人が、いざというときは救ってくださる態勢があるっていうことは、すごく安心感があるので。

まあ、自分の信仰によって行くところは違《ちが》うだろうけど、いや、そういうのがなかったら、「これは大変だなあ」っていう。「家族だけで供養《くよう》するっていうのは厳しいなあ」っていうのは、やっぱり、感じるねえ。

だから、宗教はもっと大事にしたほうがいいよ。この国は少し宗教心が薄くなりすぎてるから、全部お金で考えるようになってきてるけど、「宗教に使うお金はまったくの無駄《むだ》だ」とか、「詐欺《さぎ》だ」とかいう論調を言ってるところは、やっぱり、〝まともでない〟と思うねえ。うん。

「九年ぐらいは、この世とあの世を行ったり来たりするかも」

釈　日本も高齢《こうれい》化が進んでいます。

昇一先生は、晩年、「昇一塾《じゅく》」のニューズレターで、「ありがたい、ありがたい」という感謝の思いを、ずいぶんお書きになっていたので、もしかしたら、ご帰天が近いことをご存じなのかななどと、ちょっと思ったこともあったのですが、ご自分が亡くなる年齢などについては、何となく分かっておられたのでしょうか。

渡部昇一　いや、いちおう、『95歳《さい》へ！』（飛鳥新社刊）っていう本を出してしまったがゆえに、ちょっと執着《しゅうちゃく》があったから。まだ九年分ぐらい執着が残ってるから、九年分ぐらいは浄化《じょうか》されないままに、この世とあの世を行ったり来たりするかもしれないなあ。

だから、九年ぐらいは霊言《れいげん》で出てくるかもしらんな。

釈　そうですか。

渡部昇一　それを過ぎたら、九十五を過ぎたら、もう来ないかもしれないなあ。神様になってるかもしれない、浄化されて。

あの世を信じたほうが、人は幸福に生きられる

綾織　直近の本では、『魂は、あるか？』（扶桑社刊）という……。

渡部昇一　ハハ（笑）。そういうのを出されると、ちょっと都合《つごう》が悪いねえ。なんか、恥《は》ずかしくって。

綾織　こちらは、昇一先生が語られたあの世についての話を、ご子息がまとめられて本にされたものですけれども、ここでは、「信じれば、信じただけ、幸福感が増すんです」という信仰観を語られています。

あの世に還《かえ》られて、そういう幸福感というのは、どのような感じなのでしょうか。

渡部昇一　うん……。

綾織　何か深く感じるところはありますか。

渡部昇一　そこはねえ……、まあ、ちょっとその本は恥ずかしいねえ。

綾織　あっ、そうなんですか（笑）。

渡部昇一　『魂は、あるか？』なんて、本当、私なんかの顔を出して……、出すんじゃないよ、こんなのねえ（笑）。やっぱり、恥ず……。

綾織　いえ、非常にいい本で……。

渡部昇一　いや、恥ずか……（笑）、恥ずかしいよ。だから、それはねえ、プロの宗教家たちに見られたくはない。

綾織　いえいえ。

渡部昇一　〝生悟《なまざと》り〟も、もう丸見えじゃないかあ。いわゆる〝野狐禅《やこぜん》〟だよ。うん、駄目だなあ。

綾織　いえいえ、とんでもないです。やはり……。

渡部昇一　ああ、駄目だ！　うーん……。

綾織　印象的なのは、やはり、パスカルの話で……。

渡部昇一　そんなのは読まないほうがいいよ。

綾織　（笑）（会場笑）いや、いやいや。

渡部昇一　パスカルなんて、ああいうのを出している時点で、もう、もう、駄目な

●パスカル（1623〜1662）　フランスの数学者、物理学者、思想家。数学、物理学においては、「パスカルの原理」の発見や「確率論」の創始などで知られる。また、キリスト教弁証論を書くための覚え書きが、死後『パンセ』としてまとめられた。渡部昇一氏は、『パンセ』を常に人生の指針としていたという。

の。

綾織　そうですか（笑）。

渡部昇一　それ、もう駄目なの。悟ってない証拠《しょうこ》だからさあ。「パスカルの確率論」みたいな、そんなのを言うやつは、もう、まったく悟ってない証拠だから、それは、駄目、駄目。全然駄目ね。うーん。

綾織　ただ、地上で、どのように信仰を持てばよいのかということも語られています。「信仰を持てば、あの世に還るのが楽しみになるんだ。自分の魂を創った神様にも会えるかもしれない。こんなワクワクすることはないじゃないですか」ということをおっしゃっていて、非常に……。

●パスカルの確率論　「『神は実在しない』と賭けた場合、実在しなかったら何も起きないが、もし実在したら、死後、永遠の業火に焼かれる。『神は実在する』と賭けた場合、実在しなかったとしても失うものはなく、実在した場合は天国に行ける。ゆえに『実在する』に賭けたほうがよい」という「パスカルの賭け」のこと。

渡部昇一　まあ、まあ、まあ、パスカルを例に引くのは、ちょっと、唯物論者対策《ゆいぶつろんしゃたいさく》ということだろうけど。

この世に生きている人にとったら、あの世は、あるかないかの二者択一《にしゃたくいつ》だよなあ。確率五十パーセントだけどさ。

だけど、あの世があると思うとったらさ、まあ、昔から道徳にもあるように、「神様が見ているぞ」と思えば、あんまり悪いことはできないで品行方正《ひんこうほうせい》にやるし、「自分のお父さん、お母さんや、おじいさん、おばあさんとか、ご先祖が、あの世に生きていて、自分を見守ってくれている」と思えば、自分の体も大事にするし、仕事もやるし、家族もできるだけ仲良くしたいと思うしね。責任を感じるじゃない？　社会的責任を感じるし、その「ご先祖が見ている」という気持ちが、やがて自分が先祖になるときに、自分の子供や孫に対して、いいお父さん、おじいちゃんでありたいなあっていう気持ちになったりするから。

あの世があることによって、人間を品行方正にしてねえ、この世を滑《なめ》らかにというか、正しく生きるすすめになるじゃない？

万一《まんいち》、それで死んで、あの世がなかったとしても、あの世がないんだったら、信じていようが信じていまいが、結局一緒《いっしょ》なんだから、何も困ることはないわけで。この世にとって、なるべく多くの人たちから認められる生き方をすりゃあ、それは幸福じゃないですか。ね？

それで、死んで、もし、あの世があって、自分がいい生き方をしたために、あの世でほめられるような存在になったとしたら、それはまた儲《もう》けもので。これは、もう、宝くじが当たったようなものというか、まあ、宝くじまで行かないかな。アイスキャンデーを舐《な》めたら、「当たり」って出た、昔のあの感覚にちょっと近い。「もう一本もらえる」とかいう感じですよねえ。あれに近いからさ。まあ、いいことだらけじゃないか。

だから、あの世があって困るのは、この世に生きていたときに、人殺しをしても、「こんなもの、死んだら終わりだ」と思ったりとかさ、「この世がすべてだ」「見つかりさえしなきゃいい」と思って、さんざん犯罪をしながら逃亡《とうぼう》したような人たちで。その人たちは大変だろうけどねえ。

そういう道徳的な意味でも、魂を認めて、あの世があると信じたほうが、やっぱり、人間は幸福なんじゃないかなあ。

私は、宗教家としては生悟り……、宗教家ではないから。うーん、教会の神父《しんぷ》さんや牧師《ぼくし》さんとかでも、いちおう聞いたようなことを言うてはいるけど、本当にどこまで行ってるかは分からないところはあるからさあ。

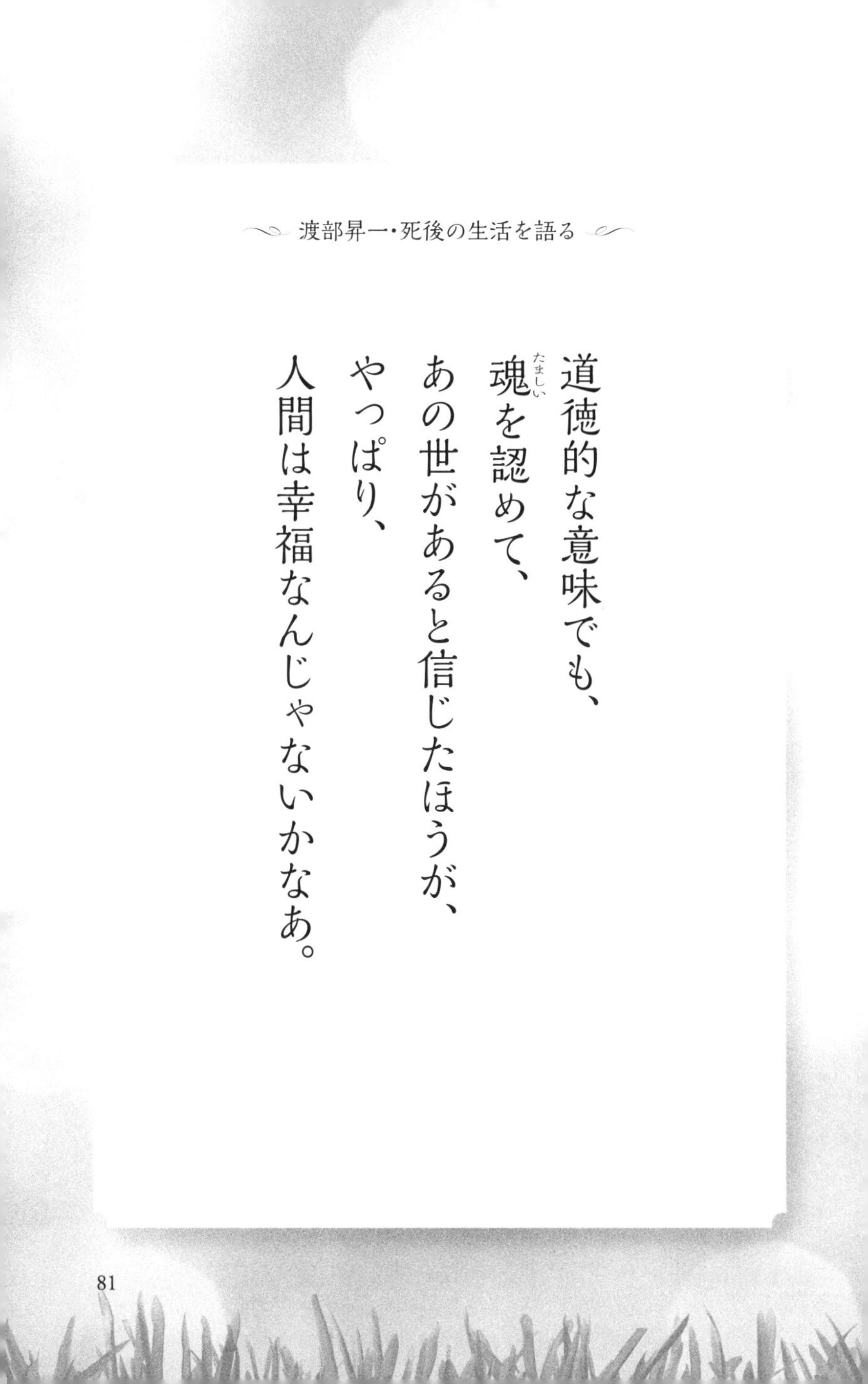

道徳的な意味でも、
魂《たましい》を認めて、
あの世があると信じたほうが、
やっぱり、
人間は幸福なんじゃないかなあ。

5　霊界《れいかい》は、100パーセント存在する

「霊言《れいげん》」は、あの世の存在証明になる貴重なもの

綾織　あの世に還《かえ》られての実感として、先ほども、「あの世でほめられるような存在になったら儲《もう》けもので、宝くじが当たったようなもの」というお話がありましたけれども、実際にそういうお気持ちになった場面というか、状況《じょうきょう》というのはありますでしょうか。「やっぱり、信じていてよかったな」という……。

渡部昇一　いやあ、「よかったな」と思うところと、「どうしようもない」という面と両方あって。

「あの世があるよ」ということを、家族……、遺族っていうんかな？　遺族に伝

えようとしたって、伝えられないじゃないの。

綾織　はい。

渡部昇一　しゃべっても声が聞こえないしさあ。こういう例外的なところでは、唯《ゆい》一《いつ》、話をしてくれて、それで、DVDで観《み》る人もいれば、本にして、「渡部昇一という人が、あの世に行っても、この世に執着《しゅうちゃく》を持ってしゃべっているらしいぜ」っていうことを、みんなが活字で読んだりしてくれるけど。

信用があるところにはそうやって出られるけど、ほかのところで出ても、もう目にも見えんしさあ、「誰《だれ》だか分からないから」ということで。「週刊新潮《しんちょう》」みたいに、霊《れい》を呼ぶのを〝イタコ芸〟みたいに言っていて、そんな青森のイタコさんのところに、「渡部昇一ダス」とか言って出てきても、みんなで「ほんまかいな」って言っていたら、証明にも何にもならんよねえ？　だから、難しい。

釈　この霊言《れいげん》は非常に貴重な……。

渡部昇一　いや、貴重ですよ。貴重だから。だけど、基本的には、みんな、見えないものは信じないから。信じないのが前提で、信じないのが前提の上に、こう、何て言うかなあ……。たとえは悪いかもしらんけど、なんかねえ、南米の四千メートルぐらいの所に、チチカカ湖ってあるじゃない。ペルーのなあ？　あそこで葦《あし》みたいなのを積んでさあ……。

釈　浮《う》き島ですね。

渡部昇一　浮き島をつくって、その上に家を建ててるじゃない。あんな感じなんだよ。

下側は足がついていないんだけど、そこに、とりあえず家を建てて住むんだからさ。「われらは大地の上に立ってるわけじゃないけど、住んでるんだ。人間として生きていますよ。生活していますよー」って、浮き島から手を振《ふ》っているんだけど、「そんな湖の上でなんか住めるわけないじゃないの」と、陸地にいる人から言われる。それで、「いやあ、それはそうなんだけど、これ、浮くんだよ。浮いて、浮き島になって、家を建てて住めるんだよなあ」って言っても、なかなか話が通じないような、そんな感じかなあ。

だから、君たちの言うことをスッと信じてくれる人はありがたいけど、大多数は信じないだろうからさ。厳しいけど。

まあ、でも、よく頑張《がんば》ってるよね。（霊言を）ずいぶん出してるからさ。「ここま

チチカカ湖に浮かぶ葦《あし》の島・ウロス島（ペルー）。

でやれるか」っていうところは、これ、挑戦《ちょうせん》だよな。
青森のイタコさんは、好きな人が行って、金を払《はら》いたいだけ払って、帰ってきて、満足したら、それで済む。「あらー、お父さんと話をしたんかなあ」と思って、これを信じられたら、それで済むんだろうけど、ここはそうじゃなくて、「渡部昇一かどうか」っていうのを、全国で吟味《ぎんみ》されるからさあ。すごくリスクがあるでしょう?

綾織　昇一先生をよくご存じの方に、こちらの霊言（前掲《ぜんけい》『渡部昇一　日本への申し送り事項《じこう》　死後21時間、復活のメッセージ』）をお読みいただき、感想を伺《うかが》ったところ、昇一先生は、生前、地上にいらっしゃったとき、釈党首の話題が出ると、必ず、「美人だねえ、美人だねえ」と、何回もおっしゃっていたと（会場笑）。

2010年以降に発刊された公開霊言シリーズは、450書を超えている。そのテーマは宗教をはじめ、政治、経済、教育、科学、芸能など多岐にわたる。

それで、こちらの霊言でも、釈党首に対する第一声として、「美人だねえ、美人だねえ」という言葉を何回も繰《く》り返されていたので（会場笑）、「ああ、これはもう、本当だ」という……（笑）。

渡部昇一　それで言われるのは、ちょっと品性に問題が……。

綾織　（笑）でも、この些細《ささい》なところに、やはり、真実が宿っているんだなあと……。

渡部昇一　（釈を指し）美人だねえ、美人だねえ！

綾織　（笑）（会場笑）

渡部昇一　いやあねえ、それを言うと、「在原業平《ありわらのなりひら》の魂《たましい》のきょうだい」と言われても、子孫《しそん》のような気がしないではないんで。多少、子孫かな……。

綾織　やはり、似ているところがありますね（笑）。

「我思う、ゆえに我あり」があの世の世界

釈　ぜひ、ご生前にご縁《えん》のあった方や、あの世を信じないような日本の方々に、「信じたほうがいいよ」というメッセージを、ずばり頂ければと思うんですけれども。

渡部昇一　いやあ、「信じない人」には、それは「ない」のと一緒《いっしょ》だろうけども。病院で死んだら、もうそれで終わりと思ってるだろうし、病院の医者だって、半分以上は信じていないかもしれないし、心拍《しんぱく》が止まったら、もうそれで終わりだと思ってるけど、実体験した人にとっては、これは「百パーセント」だからさあ。

ただ、百パーセントではあるんだけど、この世の肉体みたいな、確かめられるようなものではないから、これをどう認識するかは、ちょっと別だな。

体重計に乗って体重が出るとかさ、目方《めかた》が出たり、身長計で身長を測《はか》ったり、胸囲を測れたりするようなものではないから、自分と思ってるものが自分……。ああ、デカルトみたいだ。「我思う、ゆえに我あり」みたいな、「自分が自分と思ってるから自分なんだ」っていうような自分を認めるかということになるからさあ。だから、そういう認識ができなかったら、やっぱり、できないかもしれないから。

まあ、言われてみりゃあ、自分が講演している記録なんかがテレビに映ったりして、「あれが俺《おれ》なんだよ。あれが俺で、俺があれなんだ」っていうような会話をしているような感じ。自己問答《もんどう》しているような感じだから。

確かに、テレビに映ってる、画面に映ってるのは自分ではあるんだけど、自分であって自分でないような感じもあるじゃないですか。

だから、あの世へ行ったころ、「エーテル」とは言わんけど、うーん、何かいろんなものを通過するわけよね。

例えば、「家があるような、ないような」って言ったけど、家みたいなものをつくったところで、これを通過して外へ出られるし、玄関《げんかん》にドアをつくったって、それで人が入ってこないとか、自分が出られないとかいうことがないわけで。どっからでもスポッと出て、上の屋根からでも出られて、出たり入ったりするから、家なんかも必要であればつくってもいいけど、まあ、存在するやら存在しないやら分からないから。

で、家から自由に出入《では》りできる自分っていうのは、サンタクロースみたいな自分なのかどうかっていうような意識になるからさあ。ある意味では、蜃気楼《しんきろう》みたいだし、煙《けむり》みたいだし、まあ、昔で言えば透明《とうめい》人間みたいなもんだよなあ。

だから、地上の人と会うと、まさしく透明人間の感じがするよ。

家のなかを歩いてるのに、「今、歩いたでしょう」「今、そう言ったでしょう」と

●エーテル　地上界を構成する要素に対し、天上界を構成する要素として想定されていたもの。特に、神秘思想のなかでは、霊的身体を「エーテル体」と呼ぶことがある。

言っているのに、反応がない、みたいな。
君たちは反応があるからとっても不思議だけど、普通《ふつう》は、（この世の人に）話しかけても、肩《かた》を叩《たた》いても、反応がないんだよ。

綾織　うーん。

渡部昇一　そうしたら、「やっぱり、透明人間なのかなあ」という感じはするから。
そういう意味で、本当は死んでも百パーセントあるんだけど、死んでも自分があるということに確信を持てない人は、まあ、いっぱいいるっていうことかなあ。「そんなはずはない」っていうか、逆に言えば、こう、自分の手が見えたり体が見えるから、「自分は死んでいない」と言い張ってる人も、やっぱり、頑張って存在はしている。うん。

日本では、信じている人はわりあいいるが、みな、使い分ける

釈　そういった霊界《れいかい》の思想は、世界各地にあったりするわけですけれども、特に日本では、あの世の世界を信じない人が多いように見えますか。

渡部昇一　うーん……。まあ、〝下部《かぶ》組織〟っていうか、民間信仰《しんこう》レベルでは、信じてる人がわりあいいるんじゃないかとは思うんだけど、学校教育を受けた表の職業の世界のなかでは、「まずは否定するのが〝仁義〟」っていうか、当たり前のことのような……。

会社で、「昨日《きのう》、俺のおふくろが死んでさあ、そのあと、かかってきた電話を取ったら、死んだおふくろの声なんだよなあ」みたいな話をしたら、それでブルブルブルブルブルッとなって、「おまえ、怖《こわ》いテレビの観すぎだよ」っていう感じになるじゃないですか。

だから、「夢枕《ゆめまくら》に立った」みたいな話だって、ちょっと、この世ではしにくいでしょう？

学校教育と世間《せけん》の職業教育だけだったら、それは信じがたい。

さっき、大川総裁が、「昨日、渡部昇一先生と明け方の二時間ぐらい話をしました」みたいに言ってたけど、これ、普通の人が電車のなかでその会話とかを聞いたら、「この人、大丈夫《だいじょうぶ》かなあ」って。「この人、一人で通勤してるの、大丈夫かなあ。病院行かないでいいかなあ。頭打ったんと違《ちが》いますか」と言うところもあるけど。

だから、けっこう、妙《みょう》に〝使い分け〟はするねえ。

それが、葬式《そうしき》の場みたいなところへ来れば、いろいろ、霊的な話も出てきたり、唯物論のＮＨＫが、「供養《くよう》をする」だとかさあ（笑）、「お祈《いの》り申し上げます」だとか、「魂を安らかに」とかさあ、そんなようなことを言ったり、いちおうはする。

まあ、儀礼《ぎれい》だと思っているところはあるんだよなあ。

6 死んだらどうなる？④

地獄《じごく》〝望遠鏡〟、「下界《げかい》報告」講演……

プラネタリウムのような場所で地獄界を見学

綾織　渡部先生がお亡《な》くなりになってからの半年間に、そちらの世界で、いろんな方に会われたり、いろんなところに行かれたりしているかと思うんですけれども、「こんなところに行ってみました」というようなお話は何かありますか。

渡部昇一　ああ……。

綾織　例えば、「地獄《じごく》みたいなところも覗《のぞ》いてきた」とか、「こんな珍《めずら》しいところに行きました」といった話はありますでしょうか。

渡部昇一　まあ、地獄はねえ、一人ではちょっと行けないんだよなあ。

綾織　なるほど。

渡部昇一　「それは、やっぱり危ない」って、みんなが言うから……。

綾織　そうなんですか。

渡部昇一　「一人では行かないほうが……。〝散歩〟するなよ」って言われるんで。

綾織　（笑）

渡部昇一　やっぱり、いろいろ危険はあるから、ちゃんとよく知った人？　長くこちらで生活していて、襲《おそ》われたりしたときにどうしたらいいかが分かっていて、連れて逃《に》げる人がついていないといけないから、「一人では行くな」っていうことは、何人にも言われた。

綾織　うーん。

渡部昇一　でも、ちょっと覗いてみたことはあるねえ。

綾織　そうですか。

渡部昇一　具体的に、地獄へ行って探検したりするようなことは、私は探検家じゃないからしたことはないけど、覗ける〝あれ〟があるんだよ。体ごと、こう、地獄へ行って、そこで生活するっていうことはしてはいないんだけど、幾《いく》つかの場所で、ちょうどプラネタリウムでも観《み》るかのように、この地獄の世界を観られる場所があるんだよ。

比喩《ひゆ》的に言えば、井戸《いど》って言やあ井戸みたいなもんで、井戸の底に水が溜《た》まってて水鏡《みずかがみ》みたいになってるんだけど、この井戸から覗くと、地獄の世界が観えるみたいなところとかがあったりする。

あるいは、ちょっとした建物みたいなところに入ると、望遠鏡みたいなものがあるんだけど、それで、何て言うの？　プラネタリウムみたいに、いろんな地獄のことを表示してあって、天体を観測するみたいに、こう、機械を当てると、「これが○○地獄です」って、説明、解説が流れて、「ああ、なるほど。これが、そういう地獄なんだ」みたいな感じで、昔から聞いているような幾つかの地獄を観ることはできた。

でも、実際には、まだ私はこの霊体《れいたい》では行っていないので、行くときには、やっ

望遠鏡《ぼうえんきょう》みたいなものがあるんだけど、
天体を観測《かんそく》するみたいに、
機械を当てると、
「これが○○地獄《じごく》です」って、説明、
解説が流れる。

ぱり、天使とか、そういう人が護衛して行かないといけないんだって。まだそこまで修行《しゅぎょう》は進んでいないので、こちらに慣れなきゃいけない。もうちょっと、「霊界《れいかい》の仕組み」とか、「霊体の可能なことは何なのか」みたいなことをもっとマスターしないと、それは、あんまりやっちゃいけないんだって。

霊界《れいかい》でも講演を頼《たの》まれることがある

綾織　お話の冒頭《ぼうとう》で、ある程度、時間が感覚としてあるときと、何かに熱中しているときがあるというお話だったんですけれども、「熱中しているもの」とはどういうものなんでしょうか。

渡部昇一　うーん……。いちおうねえ、こちらの世界でも、講演っていうか、お話を依頼《いらい》されるところはあるんですよ。

綾織　ほう……。

渡部昇一　君たちと立場が逆になっちゃうんだけども、「最近の下界《げかい》の報告」を聞きたがる人がいっぱいいいるわけよ。

綾織　なるほど。

渡部昇一　だから、あっちに行って、もう何百年もたっているような人たちとかから、まあ、大きな講演会じゃないけども、公民館みたいなところで、ちょっと人を集めるからというのが来て。「最近はどんな状態ですか」「この世の様子について話してくれ」みたいな話が来ることもあるんでね。

幸福の科学・東京正心館《しょうしんかん》で講演する渡部昇一氏（2013年4月29日）。

そういうときは、集中して考えをまとめたりしなきゃいけないから、そんなんで夢中になってやっている。

綾織　ほう。うーん……。

渡部昇一　何だか不思議なんだけどね。今のあなたがたのグッズとはちょっと違《ちが》うんだけど、私のほうも、昔のキリスト教の「クムランの洞窟《どうくつ》」みたいな感じがちょっとするところで、「羊皮紙《ようひし》」っていうか、羊の皮の裏側みたいなものがパラパラパラパラパラッと巻物《まきもの》みたいに開《ひら》いてね。

なんでだか知らないけど、羽ペンみたいなものがあったりして、そんなのに原稿《げんこう》みたいなのを書い

ヘブライ語聖書などの写本（死海《しかい》文書）が発見されたクムランの洞窟（イスラエル）。

ていくのに熱中してて、「うん、できた！　できた、できた」と思って、これをクルクルッと巻いて持って行ってね。

「先生、最近の日本の下界の様子はどうなんですか。じゃあ、ちょっと……」みたいなことで、いちおう、原稿に合わせて話をして、質問されることもあったりもしてね。うーん。

あの世の人々が地上のことで特に関心を持っているテーマは？

綾織　あの世の方々が、地上のことで特に関心を持たれているのは、どういうところですか。

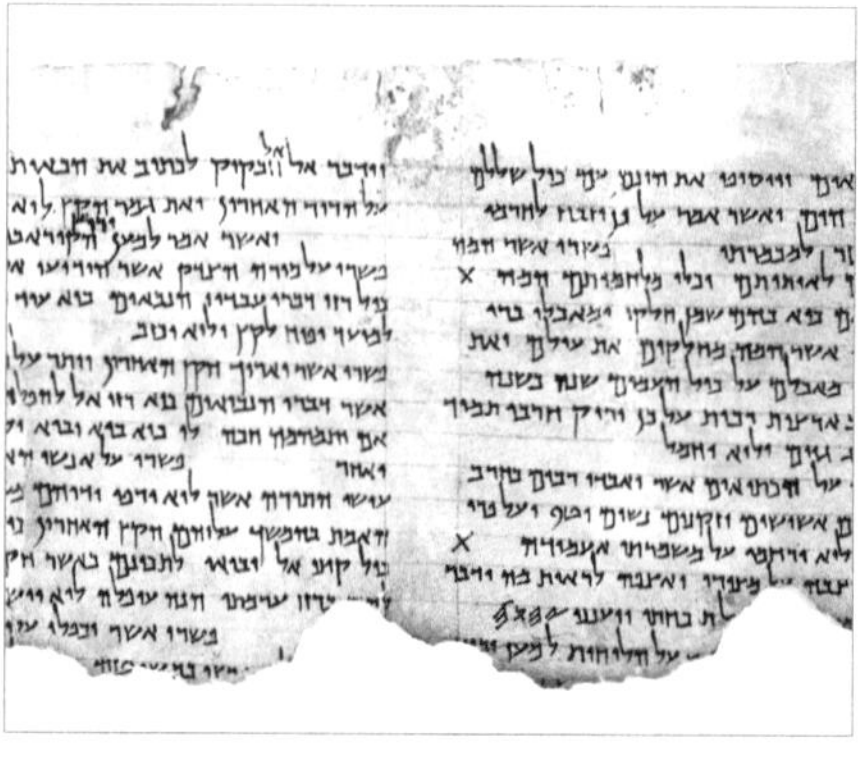

羊皮紙に書かれた死海文書（紀元前１世紀頃、イスラエル博物館所蔵）。

渡部昇一　何て言うかねえ、「世の中、どんなに変わったか」っていうようなことが多くて、「何か便利な世の中にはなっているらしいけど、それが学問にどう影響《えいきょう》しているか」とかね、「人間の生き方とかにどう影響しているか」とか、そんなようなことが多いのかなあ。

綾織　うーん。

渡部昇一　あと、「機械がいろいろ進化していってるけど、あれは、いいことなのか、悪いことなのか」みたいなことを訊《き》かれることが多いねえ。

だから、「あれは便利なようで、霊界《れいかい》に近づいているようにも見えるけど、何か、唯物論《ゆいぶつろん》がさらに進んでいるようにも見えるし、本当にいいんだろうか」みたいな感じですね。

ニュービジネス系の仕事がいっぱい進んでいるけど、それは、魂《たましい》にとっては、ほんとにプラスの方向なのか。あるいは、ある程度、この世は不便なほうが、霊的な世界のほうに戻《もど》ってきやすいのか。

まあ、こんなあたりのところはよく突《つ》っ込《こ》んでこられるね。

霊界《れいかい》にコンピュータはないが、似たような機能は存在する

綾織　地上でも話題になっていることとして、「人工知能のようなものが発達してきて、人間の仕事もまったく変わってくる」といった話はあるんですけれども、そういうものについても関心はありますか。

渡部昇一　こちらには「人工知能」はないんだけど、何かを知ろうとしたら、必ずそうするのは、何か導きが始まって、いろんなことが起きてくるんで。

まあ、似たような機能はないわけではないんだけど、それがどういう仕組みで起きるのかはよく分からない。

例えば、「○○について知りたい」とか思うと、やっぱり、それを知ってるような人が来てくれるわけよ。

綾織　はい。

渡部昇一　例えば、「伊勢神宮《いせじんぐう》について、もうちょっと知りたいなあ」とか思うと、伊勢神宮の宮司《ぐうじ》さんでもしていたような感じの人が来て、いろいろ資料を持ってきて説明してくれるみたいなことが起きたりするわけよね。

さらに、「神風《かみかぜ》っていうのは本当に吹《ふ》いたんですか」みたいな質問をすると、それは、それなりに見せてくれるような感じもちょっとあったりするから。

そうすると、この世のなあ、コンピュータ文化の〝あれ〟のようにも見えることは見えるんだけど、まあ、宮司さんがやってることだから、ちょっとその、そういう、コンピュータ会社がやっているような仕事と一緒《いっしょ》のはずはないし、なんでそれができるのかって言われると、それは分からない。と言っても、機械を使ってるわけじゃないんだよな。だけど、見せられるんだよなあ。

綾織　はい。

渡部昇一　ある「時間」と「場所」を特定して、それをお見せする……。何か、この世で起きたことや、まあ、もちろん、あの世でも起きたこともあろうけど、いろんなものが一緒に存在してるんだって。「時間と空間のなかに、いろんな歴史が全部詰《つ》まってる」んだって。

だから、「それを取り出して、どこを見るか」だけなんで、どうも、私たちが思ってるような時計的時間や、地球の回転を一日とするみたいな感じで見ていなくて、どの時代だって見ることができるような感じでね。

まあ、それは、ガイドがいればの話だけど。自分で自由になるわけではないけどね。うーん。

釈　「認識の世界」ということですね。

渡部昇一　それを言葉で説明するのは難しいなあ。

7 政治、経済、皇室？――それは過ぎ去る無常《むじょう》のもの

あの世での新たな人間関係を模索《もさく》中

釈　渡部先生が帰天《きてん》されてから半年ではありますけれども、この後、一年、二年、三年と霊界《れいかい》で認識を深めていく見通しのようなものは、ある程度立てていらっしゃるのでしょうか。

渡部昇一　うーん……。半年と言っても、（あの世では）「半年という時間」がないんだけど。

まあ、「あなたがたがそう言うから、そうなんだろう」とは思うだけで、多少、この世の生活？　この世で本を書いたり、しゃべったり、人と会ったりしていたよ

うな生活から別れて、別なところに来たんで、「この世の家族とは一緒《いっしょ》ではない暮らしをしているんだ」っていうことを呑《の》み込《こ》めるぐらいにはなった。

それと、あの世でいろんな人と出会ってはいるけど、友達をつくれるかどうかみたいなのは、まだまだこれからの課題だし、生きていたときに親しかった人もいるけども、一度は挨拶《あいさつ》みたいなのをやったことはあっても、それっきりの人もいたりするのでね。

まあ、どの人がどういうことをやってるのかは、全部は分からないので。今、ちょっと、そのへんを模索《もさく》中かなあ。

だから、うーん、まあ、学者仲間といっても、やっぱり、関心が違《ちが》っている人と会っても、そんなに合わなくはなってくるし。

霊界《れいかい》での「地上ニュース」はどんな感じ？

渡部昇一　あと、もう一つは、こっちでも、今、なんかねえ、うーん……、テレビと言やあテレビなのかなあ。まあ、〝テレビのようなもの〟としか言いようがないけど、何かそんなようなものがあることはあってね。地上のニュースみたいなのを観《み》ようとすれば観ることができるような、「今、こんなふうなことが起きている」みたいなことは教えていただいて。

そういうものがあるということで、私はちょっと利用させてもらってはいるんだけど。だから、地上のことも知っている。

何か、実際に飛んでいって見たりする人もいるとは聞いているんだけど、まあ、そんなにまめではないので、できたダイジェストで、いろんなことを知りたいなあとは思う。

綾織　そのテレビの放送のなかで、昇一先生が特に気になっているニュースは、どういうものでしょうか。

渡部昇一　うーん……。まあ、最後に関心を持っていたようなことは多いけどねえ。だから、「政治」や、「経済」や、「外交」や、それから「教育」とか、そういうものはいろいろ関心があったんで。「その後、どうなってるかなあ」っていうようなことは見てるから、まあ。

ああ、そうそう。今回もねえ、選挙（第48回衆議院議員総選挙、二〇一七年十月二十二日投開票）がまたあったんでさあ、それで、「一回、出てきたほうがいいのかなあ」とか思ったりして、来た。

まあ、ちょっと遠くはなったけどね。意識的には遠くなったから。うーん、だんだん、こういうものはうっすらとしてきて、もしかしたら関心が消えていくものなのかもしれないとは思う。

綾織　ああ、そうですか。

渡部昇一　今だから、まだ、ちょっとは残ってるけど。

綾織　逆に、あの世でも、「安倍《あべ》政権はどうなるか」とか、「北朝鮮《きたちょうせん》はどうなるか」とかいったことに強い関心を持たれているのかなと思ったんですけれども。

渡部昇一　いやあ、持っていないわけはないけど、ちょっと遠くなったねえ。

綾織　うーん。

渡部昇一　何か、ちょっと遠くなって。病気をして、入院して、そのあと、山小屋で隠遁《いんとん》しているぐらいの気分に近いわけで。
だから、ちょっと、下界《げかい》が遠くなった感じはある。
ニュースとしては少しね、「選挙があって、与党《よとう》が大勝したらしい」ぐらいのニュースは観ましたけど。「ほー」と思いつつも、何か、この世にいたときとはちょっと感じが違って、「ああ、そうなの」っていうような感じにはなるかなあ。

あの世から見たら「この世での勝ち負け」は実に小さいこと

武田　昨日《さくじつ》の明け方でしょうか、渡部先生が大川隆法総裁のところに来られて、お話をされていたと伺《うかが》ったのですけれども、どんなことをお伝えにいらっしゃったんでしょうか。

渡部昇一　やっぱり、「美人の党首さんを、一回励《はげ》ましておかないといけないんじゃないかなあ」とか、ちょっと思ったりしてね。何か、少し慰《なぐさ》めてやらないといけないんじゃないかと思って……。

釈　すみません。本当にありがとうございます（笑）。

渡部昇一　一回、励ましてあげておいたら、また戦う気力が湧《わ》くかもしれないから
さあ。
いや、あの世から見たらねえ、「この世での、勝った負けた」とかさあ、「何票」
とかねえ、「何議席」とかさあ、実に〝小さいこと〟に見えてくるんだよ。
だから、「いやあ、君、そんなの、どうってことないよ」っていう感じというか
な。
安倍さんの政権にはね、私も、「もう一回、安倍さんが（首相に）なるといい」
みたいな運動はしていたからさあ、やってることは、まあ、いいことなんだろうと
は思うんだけどね。
ただ、この世的に見りゃあ、選挙で勝ったとしたって、せいぜい三年か四年続く
かどうかの話じゃない。で、「いずれ終わるのは終わる」じゃない。ね？
あなたがただって、苦しんでるようにも見えるけど、いずれ、この世のことはこ

の世のことで、時間は過ぎ去っていくじゃない。なるようにしかならないからさあ。やっぱり、何て言うか、「あの世に還《かえ》ってきたときに、自分自身が悔《く》いがないような生き方をするしかない」んじゃないかなあという気はする。

他人《ひと》のことは、あんまり思ってもしょうがないんかなあって、そんなような気に、ちょっとなってきたよな。ほかの人のことを、あんまりあれこれ思っても無駄《むだ》かなっていう感じが、ちょっとしてきた。

あの世の「お金」と「税金」は？

釈　地上のほうでは、今回の衆院選で自公が大勝を収めたのですが、日本が置かれた状況《じょうきょう》自体は、安倍首相がおっしゃっているとおり、「国難」という言葉がふさわしいような、非常に厳しい状況にはなっております。
渡部昇一　うーん。

いずれ、
この世のことはこの世のことで、
時間は過ぎ去っていくじゃない。

釈　北朝鮮や中国の危機もありますし、増税の問題もあります。生前、昇一先生は、『税高くして民滅《たみほろ》び、国亡《ほろ》ぶ』（ワック刊）という本も出しておられました。しかし、増税圧力は強まる一方で、昇一先生が強く警告を発されていたことにも、聞く耳を持たない国民が増えているような感じがします。このあたりはどう見えていらっしゃるでしょうか。

渡部昇一　いや、あの世へ来るとねえ、いいことあるよ。「税金がない」んだ。

釈　（笑）

渡部昇一　税金を取られない。ほんとにありがたいねえ。収入もないけど税金もない（笑）。いやあ、実に愉快《ゆかい》である。〝無税国家〟は、もう完成してるわ。ほんとだねえ。税金がないねえ。税金がなくても人は生きていけるんだよ。やっぱり、そうなんだよ。

まあ、ちょっとボーッとしてきたから……、うーん、税金ねえ。ああ、いけないね。少し、この世への執着《しゅうちゃく》が去ってきたみたいだ。どうも、いかんなあ。

生きていたときは、税金を取られて腹が立ってねえ、「もうちょっと残してくれれば使えるのに」と思ったもんだが。あの世へ来りゃあ、税金もなきゃ借金もない。うーん。確かにそのとおりだ。

だから、貨幣《かへい》経済も、ある意味では唯物論《ゆいぶつろん》なのかなあ？　あの世にはないね。まあ、〝この世の遊び〟だな。〝一種のゲーム〟だよ。私たちの感じから見たら、何かゲーム場でいろいろなゲーム……、玉突《たまつ》きゲームとかさあ、トランプゲームをやったり、麻雀《マージャン》をやったりいろいろしてるようなもんで。あんなゲームみたいな感じにしか、お金のあれも見えなくなってくるんで。

ちょっと、これでは、あなたがたを励ます力としては足りないかもしれないけども。

でも、まあ、そういうものは実体としてはないんだけど、「人に憎《にく》まれるか、憎まれないか」みたいなことは、残ることは残るだろうからねえ。

だから、どうだろうかね、お金はこちらで……。まあ、あの世でも、ほかの世界はちょっと……、あの世というか私がいる世界でも、別の世界に行ったら、もしかしたら、お金に相当するものが何かあるところもあるのかもしれないとは思うけど。ただ、私がいるところでは、お金は流通していなくて、そんなものは全然必要がない世界に生きているので。

たぶん、もうちょっとこの世的な価値観を持ってる人には、そういう世界があるのかもしれないとは思うがな。

あの世に還《かえ》ると、この世のことは虚《むな》しく見えてくる

渡部昇一　まあ、そうかあ。君らの政策が、なかなか受け入れられない。結局、

「国防」と「税金下げ」を言ったんか？　そういうことなのかな？

釈　大きくはその二つが中心です。

渡部昇一　それで、「国防」のところは、安倍さんのところに〝油揚《あぶらあ》げを全部持っていかれた〟っていうことなのかな？

まあ、「税金」のところは、マスコミがみな〝裏切った〟んだろう？　だから、軽減税率で、自分ら新聞とかは逃《のが》れられるからな。ほかの人、庶民《しょみん》が上がる分には構わないけど、自分らが上がったら困るっていう。自分らも上がるんだったら、みんな一斉《いっせい》に批判し始めるんだろうけど。

まあ、この世的な〝あれ〟だろうが、「この世の権力」っていうのは、そういう感じでメディアを買収して、懐柔《かいじゅう》して抱《だ》き込んで、自分らの言うことを通させるんだろうけどね。

ただ、あの世へ還《かえ》ってきてみると、そういうことも、みんな虚《むな》しいことのように見えてはくるので。生きていたときは、「朝日新聞の倒産《とうさん》を見たいなあ」とは思ってはおったんだが、こっちに来てみると、倒産も何も、存在しないからさあ。「どうでもいいのかなあ」とは思ったりすることもあるんだが。

どうせ、この世で生きている人間が生業《なりわい》を立てるために、いろんな会社をつくってやって、勝手なことを言っているんだろうけど。まあ、言論の自由はあってもいいとは思うんだが、やっぱり、「正しいもの」と「間違っているもの」はあるらしくて、「天国的かどうか」っていうのは、一部あるみたいな感じかなあ。

天皇の退位問題？　……遠くなってきたような気が

渡部昇一　あと、気になっていることとしては、「天皇の退位問題」のあれがねえ、ちょっと気にはなってる部分もあるんだけど……。

これも、半年か何か知らんが、たったから、こっちに来てみると、天皇っていうか、皇室の存在がどうのこうのなんて考えることも、すごくこの世的なことのような感じがして。あの世的に見たら、何かもうどうでもよくなってきたような気もちょっとしてきて、心境に少し変化が表れてきてる。こちらはまた、全然「別の原理」で動いているような感じがするので。

やっぱり、この世で生きていると、「刷《す》り込《こ》み」というか「先入観」というか、そういうものがあるのかなあ。

綾織　ただ、「皇室を護《まも》っていかないといけない」というお気持ちはあるわけですよね？

天皇陛下の退位をめぐる政府の「天皇の公務の負担軽減等に関する有識者会議」に臨む渡部昇一上智大学名誉教授（右端）（首相官邸、2016年11月14日）。

渡部昇一　だけど、（私の）周りに皇室（の人は）、誰《だれ》もいないからさあ。だから、何の関係があるのかなあっていう感じが、若干《じゃっかん》しないわけではないんで。よく分かんないんだよなあ。

あれは、何のためにあるんだろうねえ。ちょっとそのへんが、少うし気持ちが遠くなってきたような気が……。

ごめんなさいね。いや、がっかりさせちゃいけないから、なるべく生前に近いことを言わないといけないのに。

8　自由、平等、格差、福祉《ふくし》の霊界《れいかい》考察

「ゆりかごから墓場《はかば》まで」のもとにあるキリスト教的価値観

釈　渡部昇一先生は、よくご著書等でも、「自助努力の大切さ」を、ずいぶんと訴《うった》えておられました。

ところが今、日本では、「ゆりかごから墓場《はかば》まで」のイギリス病、英国病のような政策も出ています。日本人全体が、「額《ひたい》に汗《あせ》して努力する」という方向から、「補助金を引き出す」ような方向に、メンタリティーも変わってきてしまっているように思うのです。

こういった心持ちのあり方について、危機感などをお持ちでいらっしゃったりはしますか。

渡部昇一　まあ、西洋の「ゆりかごから墓場まで」っていう考えのもとには、キリスト教的な価値観があるんじゃないかなあ。

何か、原罪みたいなの？「人間は原罪を犯《おか》して楽園から追放されて、それで、労働、レイバーというものを与《あた》えられて、額に汗して苦しまなきゃいかんようになった」みたいな。

労働は苦しみだと思って、神が与えた罰《ばつ》だと思ってるようなところがあるからね。それをちょっとでも楽にしてやることが幸福で、楽園に近づくと思ってるから、その楽園の感じを、「ゆりかごから墓場まで」で表そうとしてるんだろうと思う。

でも、日本人は必ずしも、「労働が、人間の原罪ゆえだ」とは思ってないし、「楽園を追放されてから働かされている」とも思ってないから。まあ、それは考え方の問題だけどね。

あの世からは、この世での「平等観」がどう見えるのか

渡部昇一　それと、あなたがたの生きている世界がすべての世界だと思っている人にとっては、「階級差別」があったり、「貧富の差」や「格差」があることが、ものすごく悪いことのように見えて、そう言ってると思うけど。

私たちが還《かえ》っている世界から見たら、「この世に、パン屋さんがいて、警察官がいて、大学教授がいて、銀行家がいて、大地主《おおじぬし》がいて、自衛隊員がいて、それの何が悪いんですか」っていうような感じは、やっぱりあることはあって。「それぞれの魂《たましい》経験を積むために、いろんな職業とか生活レベルとかがあるんじゃないかな」っていうふうに、こっちから見れば見えるので。

これを「全部一緒《いっしょ》にしたらいい」「格差をなくしたらいい」なんて言うのは、ちょっと、「何言ってんだろう？」っていうような不思議な感じがするね。

釈　平等観のようなものは、どう見えるのでしょうか。

渡部昇一　いや、平等だったら、そんな、この世っていうか、あなたがたがいる世界に生まれてもしょうがないじゃん。いろんな違《ちが》いがあって、そして努力することで、例えば、職業が変わったりする。

「知的な職業に就《つ》こう」と思えば、やっぱり勉強して、ある程度、高学歴になっていかないと無理でしょ？　それから、知的なことが嫌《きら》いな人は、〝肉体派〟で生きていくことがいいでしょうねえ。たまたま、勉強もできるけど野球もできるっていう人だったら、プロが呼ぶほど野球ができるかどうかで、職業は変わることもあるだろうなあ。

だから、いろんな選択肢《せんたくし》があって、自分の意志で今回の自分の人生を決めるっていうのは、それはそれでいいんじゃないかなあっていう気がするんで。なんで、みんな同じでなきゃいけないのか、私にはさっぱり分からない。

釈　「格差是正《ぜせい》イコール正義」という考えが……。

渡部昇一　それは、この世的すぎるんじゃないの？「死んだらみんな終わりだ」と思ってるから、生きている間は、できるだけ他人との違いをなくそうとしてるんじゃないの？

釈　なるほど。そういう考えを破っていくためにも、「あの世があって、魂としては永遠の人生があるんだ」というところを訴えていく必要があるわけですね。

渡部昇一　「魂のきょうだい理論」のところは、まだちょっと実感として湧《わ》いてこないんだけど、私には。ただ、「あの世からこの世に生まれる」っていうこと自体は、東洋人として理解できるし、転生輪廻《てんしょうりんね》も、ある程度、理解はできるんです。

いろんな選択肢《せんたくし》があって、
自分の意志で今回の自分の人生を
決めるっていうのは、
それはそれで
いいんじゃないかなあっていう気がする。

そのときに、職業としての……、というか、生まれとしての「王様」も「乞食《こじき》」も、あってもいいんじゃないかなっていう気がするんです。そうしないと、経験がいろいろできないじゃない。王様と乞食があって、またそれを両方演じる〝役者〟もいたりして、それで面白《おもしろ》いんじゃないかなあっていう気はするので。

だから、いろんな違いがあったり、「差別」があったりして、まあ、つらい思いをしたりすることもあるんだろうし、「不自由」もあるんだろうけど。

いや、いろんなバラエティーがあるっていうかなあ。経済的にもバラエティーがあるし、名誉《めいよ》的にもバラエティーがあり、知的にもバラエティーがあって、家も大きかったり小さかったりするけど、大きな家には大きな家の悩《なや》みが、小さな家には小さな家の悩みがあるっていうこと自体は、私は別に、そんなに悪いことじゃないような気がするんだけどねえ。

9 死んだらどうなる？⑤ あの世で通じる〝名刺《めいし》〟とは？

「大きな者は小さくなり、小さな者が大きくなる」

釈　地上では、思想にも、「右」だとか「左」だとか、いろいろあるわけなんですけれども、そうした思想の背景に、やはり地獄《じごく》的な存在の影響《えいきょう》を受けている人も多いと思うんです。そういうあたりは、何か見えておられますでしょうか。

渡部昇一　うーん……。

釈　例えば、マルクス思想に染まっているような方々なんかは、どう見えますか。

渡部昇一　まあ、時間がもうちょっとかかるから。たぶん、私の出番は、もうちょっと時間がかかるかなあと思いますので。

この世というか、あの世なんだけど、こちらの世界でマルクスなんかと議論するような、まあ、「朝生《あさなま》（「朝まで生テレビ！」）」はないんだが、そういう立場に立つには、もうちょっとこちらの経験が要《い》るのかなとは思ってるんだけど。

まあ、人づてに聞くかぎりは、みんな不思議がっている感じかなあ。「マルクスじいさんの、あんなことを信じている人が、地上の世界にはたくさんいるんだって」っていうようなことは、すごい不思議がっているみたいだなあ。

それと、キリスト教の『聖書《せいしょ》』でも、「この世で大きな者は小さくなり、小さな者が大きくなる」とか言っているよね。

まあ、あなた（釈）も総理大臣になることを目指しているのかもしらんけど、いや、「総理大臣をやったから、こちらの世界へ来て偉《えら》い」とはかぎらないし、その逆に、「この世で普通《ふつう》の人だったから、偉くない」とも言えないっていう不思議な世界なんで。この世での、そういう〝でこぼこ〟の部分と同じでなきゃいけないっていう考えもあるかもしれないけど、あの世へ還《かえ》ると立場が逆転してくることがあるのでね。

だから、「総理大臣よりも、喫茶店《きっさ》のマスターで、いい本をじっくり読んでいたような人のほうが偉い」なんていうことだってあるような、そういう世界なんで。そういう意味では、「平等」っていうのは、〝別なかたち〟で実現はしているのかもしれないけどね。

今いるところは「民主主義」ではなく「個人主義」の世界

武田　今、渡部昇一先生が感じられたり、理解されたりしている範囲《はんい》で結構なんですけれども、「天国と地獄を分ける基準」といったものについては、どういうふうに捉《とら》えておられますか。

渡部昇一　それはちょっと、何か〝神学裁判《しんがくさいばん》〟みたいで、まだ、私のような〝新米〟には、なかなか厳しいけれども。まあ、おおむね、大川先生が言っているようなことなんじゃないのかねえ。

あと、組織的な運動のところについては、私はよくは分からないんだけどね。それの成功と失敗がどう影響するのかについてが、まだちょっと十分には……、まあ、学者、評論家だったから、そんなんでは、よく分からないんだけど。

「考え方」とか「心の持ち方」みたいなのは、大川総裁が言っているようなことを共有しているような宗教とか思想みたいなものが、だいたい正しいんじゃないの？

あと、組織として、あなたが悩《なや》んでる、「票が取れる」とか「議席が取れる」とかいうようなことについては、それがどういう意味を持つのか、私には、まだ分かりかねるところもあるし。

いや、地上では民主主義全盛なんだろうけど、私たちの世界へ行ったら、「民主主義」って言われても、ちょっと何か、ボーッとしてきた感じはあるね。民主主義であるよりは、「個人主義」なんですよ。どっちかというと個人主義の世界なんですよ。

それぞれの人間が、「どういう人生を選んで生きたか」っていうことにより、住む世界は違《ちが》っているので。それで、住む世界が違えば、お互《たが》いに、交渉《こうしょう》しない世界なので。

そういう意味で、国を一つにまとめるかたちでの、「民主主義で多数を取った者がまとめる」とか、「独裁者、専制者がまとめる」とかいうこともなくて、それぞれ個人主義で生きている。

まあ、伝え聞くところや、ちょっと見聞《けんぶん》したところによれば、「地獄の世界のなかには、悪王みたいな専制者が、大勢の者を奴隷《どれい》みたいにこき使って何かやったり、戦《いくさ》をやったりしているようなところもある」とは聞いております。

また、私はまだ見ていないんだけど、天国にも、地獄の悪魔《あくま》たちの軍勢と戦うための〝自衛官〟みたいな、そういう「戦う天使軍団」もいるらしいということは聞いてはいます。ただ、私はそこには属していないので、よくは分からないんですけどね。

意外に、日本的な菩薩《ぼさつ》の世界に近い？

武田　天上界《てんじょうかい》で喜ばれる心持ちや、評価されることについては、今、どういうものだと思われますか。

渡部昇一　いや、それは、〝新米〟すぎて、ちょっと分からないんだけど。

この世の原理が、まったく通用しないので。本を書いて、それが何万部売れるとか、百万部売れるとかいうようなことでもないんで、ちょっと、そういうふうに通

映画「ヘルメス―愛は風の如く」（1997年公開／製作総指揮・大川隆法）のなかで描かれた、悪霊・悪魔たちと戦う天使団。

用しないし。

さっき言ったように、「公民館みたいなところでお話ししたりして喜ばれる」っていうようなことぐらいはあるんだけど。

ただ、住処《すみか》がね、みんな住み分けているので。誰《だれ》がどう分けているのか知らんけれども、それぞれの「認識力」とか「経験」とか「考え方」で住み分けがなされているので、お互い侵《おか》し合わない関係にはなってるんだよね。

だから、私がいるようなところは、それは、私が尊敬していたような人たちが、ときどき垣間《かいま》見られるようなところですよ。そういうところにはいるんですけどね。おそらく、あなたがたの言葉で言うと、「菩薩界《ぼさつかい》」っていうところに近いのかなあ。あるいは、西洋的に言えば、「天使たちがいる世界」に近いんだろうとは思うんだが（53ページの図参照）。

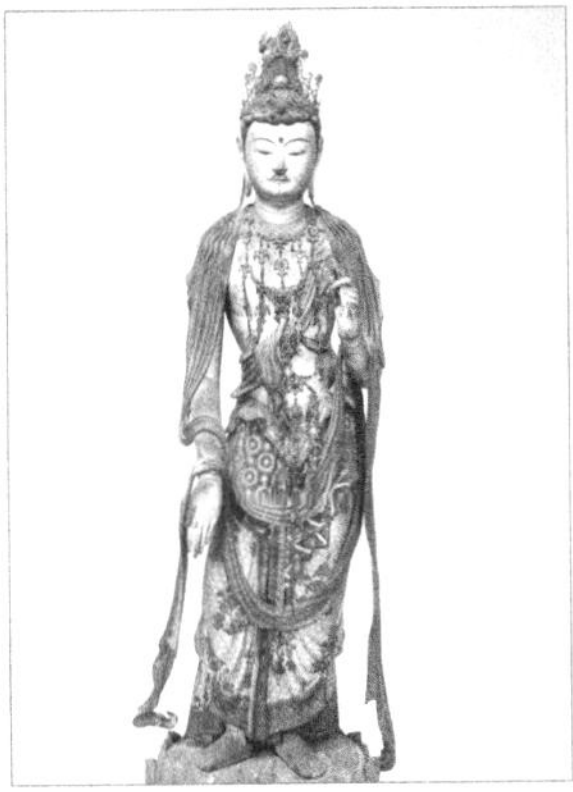

観音菩薩立像（東京国立博物館所蔵）

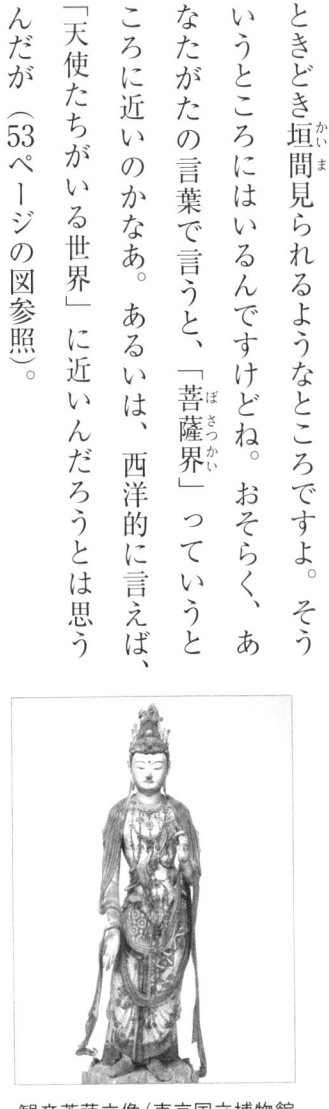

死んでみると、「西洋系の天使の世界」ではなくて、意外に「日本的な菩薩の世界」のほうに、やや近いような気はするね、周りを見るかぎりはね。やっぱり、今回は日本人なのかな。どうしても日本人の感じが強いから。天使の格好をしてやって来るというよりは、菩薩、観音《かんのん》の姿でやって来る人のほうが多いかねえ、感じ的には。

霊界《れいかい》で訊《き》かれる「あなたは、何ができたんですか？」

綾織　おそらく、周りには学者や評論家、言論人の方が多いと思います。昇一先生は大学で長く仕事をされてきたわけですが、地上の大学教育、あるいは、大学以下の教育について、今、何か思うところはありますか。幸福の科学としても、いろいろな教育事業をやっているところなんですけれども。

渡部昇一　「入学試験の難しさ」とか、「偏差値《へんさち》」とかいうようなものが、あの世の

●菩薩　自己確立の段階を通過して、衆生済度《しゅじょうさいど》に立ち上がり、人助けを実践している人たちのこと。幸福の科学の教えでは、霊界の七次元世界（菩薩界）は、救済行、利他《りた》行に生きた人々が住むとされる。この世界には宗教家をはじめ、思想家や政治家、科学者、芸術家などがいる。『永遠の法』（幸福の科学出版刊）等参照。

ランキングではない感じはするね。これはだいぶ違っている感じがすることはするので。

大学なんかに拠《よ》らずに、上から下まで、〝天上界〟から〝地獄〟まで、みんな取り揃《そろ》ってる感じかな。この世の点数では一定の合格点を超《こ》えた人たちが集まって、みんな大学を出ているんでしょうけど、あの世では、ずっと上からずっと下まで、みんな取り揃えていらっしゃるっていう感じでして、まあ、いろいろだね。

必ずしも「学歴」が全部じゃなくて、どっちかといえば、そういうことよりは、何か「専門性のある才能」を持っていたような人のほうが尊敬されてるようには見えるな、どちらかといえばね。

マスプロダクション（大量生産）の教育で大量に教育されて、そのなかから選ばれたエリートたちが、この世の世界、あなたがたの世界では上へ上がっていけるし、管理職、つまり、大会社の部長以上ぐらいに出世したら偉いっていうような感じなんだろうけど。

私たちの世界へ来ると、この世の会社の名前も通じないし、大学の名前もあんまり通じないので。

どっちかというと、「あなたは、何ができたんですか?」みたいな感じで、そういう個人的な才能……。要するに、訊《き》かれるのは、たいてい、「どんなことがおできになるんですか?」っていうことと、「下界《げかい》にいたときは、どんなことをなされていたんですか?」みたいなことだね。これは〝名刺《めいし》代わり〟によく訊かれるよね。

（綾織を指して）あなただったら、「記事を書いていました」、「雑誌をつくっていました」といった感じになるのかもしれませんけれども。そういうふうな、個人個人に属する才能とか、それに込《こ》められたハートの問題とかに大きく影響されるようだね。

例えば、相撲《すもう》取りとか野球選手とかいろいろいろいるけど、その心持ちには、ずいぶん上下がいろいろあるようだね。もちろん、私が住んでいるところに、野球選手や相撲取りがいっぱいいたりするわけはありませんけど。たいてい、多少、知的な会

訊《き》かれるのは、たいてい、

「どんなことがおできになるんですか?」

っていうこと。

話ができるような人たちが、パラパラと住んでいる感じには見えるけどねえ。

「三年から七年は、魂《たましい》を自由に使えるようになるための訓練期間」

釈　地上の人を指導したり、インスピレーションを降ろしたりというお仕事は、まだ本格始動していないのでしょうか。

渡部昇一　たまに会いたくなったりして行くか、地上の人が強く思っていると、スッとインスピレーションを降ろしたりとかはしますね。

ただ、まあ、ガーディアン・スピリット（守護霊《しゅごれい》）なのか、ガイディング・スピリット（指導霊）なのか、よくは知らないけれども、職業として、そういうの（役割）を頂くところまではまだ行っていないので。

まだもうちょっと、こちらでの訓練期間っていうか、修行《しゅぎょう》期間があっても構わないということで。訊いてみると、うーん、人によって少し違いはあるけど、この世の時間で言うと、三年から七年ぐらいの間は、あの世のいろんなことに慣れたり、勉強したりして、自分の魂《たましい》を自由に使えるようにする〝訓練期間〟として使ってよくて。

釈　うーん。

渡部昇一　まあ、ちょっとわがままに見えるけど、そういうふうに使ってもよくて。その後は、「自分の使命」を悟《さと》って、何をするかといった、「あの世での専攻《せんこう》」みたいなのを決めなきゃいけなくなるんだって。そういうふうなことは聞いています。

綾織　「仕事を頂いていない」という言葉がありましたが、渡部昇一先生の上にいる方というのは、どういう方だと認識されているんでしょうか。

渡部昇一　いや、ほんとに「個人主義の世界」でねえ。だから、普段はねえ、みんなつながっていないんですよ。

綾織　ほう、ほう。

渡部昇一　労働組合でもなければ、自民党や、何とかの党、まあ、よく知らないけども、ほかの党みたいな感じでもなくてね。

いや、まったく個人主義なんですよ。ほんとに個人主義で、それぞれ〝完全自営業〟の世界で、自分の仕事をやっていて。

別に、生活に困ることもないし、お金が要ることもなく、税金を取られることもないんで、自分のしたいことをやって。気が向いたところに行って、気が向いた人に会うこともあるし、「こういうことを知りたい」と思えば、そういうところにも行けるし、あの世にも、この世の外国に似たような世界があることはあるので、そういうところに行くこともある。

あの世での意思疎通《そつう》を円滑《えんかつ》にする「語学の勉強」

渡部昇一　あと、私なんかは、「語学」をけっこうやったので。まあ、語学ってい
うのは、なんか、もう一つ〝別の意味〟もあったような感じでして。
　人類の歴史のなかでは、いろいろな文明が起きたので、そのときにさまざまな言
葉が使われていたことがあるんだって。
　語学の勉強なんかをしていると、あの世で、未知の人類っていうか、未知の種類
の人たちに会ったときに、意思の疎通《そつう》がすごくよくなるっていうようなことを聞い
ているね。
　いや、特に英語で話してるっていう感じもないんですよ。「英語系の人だろうな
あ」と思うけど、特に英語で話しているわけでもなくて、お互いに意思は通じるん
ですね。だから、自分が学んでいない言語の人でも話は通じるんですよ。

でも、認識力っていうか、相手の勉強とか、考えていることとか、経験したこととかが、自分のレベルに行っていないような場合だったら、挨拶《あいさつ》程度でないと、そんなに話が通じないっていう感じはあるわねえ。

私なんかは、生前も好きだったように、幸田露伴《こうだろはん》先生とか、ヒルティ先生とかみたいな、まあ、彼らは、私よりちょっと古いから、もう少し〝先生〟っぽくなってますね。「そんなふうになれたらなあ」と思ってはおりますけどねえ。

カール・ヒルティ（1833 ～ 1909）　スイスの思想家、法学者、政治家。「スイスの聖人」といわれる。ベルン大学の教授として国法学や国際法を講義。後年、代議士に選出され、陸軍の裁判長にも就任した。代表的著作に『幸福論』『眠られぬ夜のために』等がある。（右）『ヒルティの語る幸福論』（幸福の科学出版刊）

幸田露伴（1867 ～ 1947）　明治から昭和初期の小説家、随筆家、考証家、俳人。『風流仏』『五重塔』などで作家としての地位を確立し、理想主義文学の担い手として近代文学の一時代を築いた。また、随筆や史伝においても、『努力論』『修省論』等を遺している。（右）『幸田露伴かく語りき』（幸福の科学出版刊）

語学の勉強なんかをしていると、
あの世で、
未知の人類っていうか、
未知の種類の人たちに会ったときに、
意思の疎通《そつう》がすごくよくなる。

10　あの世から見た幸福の科学グループ

「大川隆法総裁に多大な影響《えいきょう》を与《あた》えたり」という勲章《くんしょう》が

渡部昇一　ただ、何かちょっと、「勲章《くんしょう》」は付いていていてね。「大川隆法総裁に多大な影響《えいきょう》を与《あた》えたり」って書いてある文化勲章みたいなものが一つかかっていて。

釈　すごいですね。

渡部昇一　これを見て、「おおっ！　すごいなあ」と言ってくれる人が、たまにいるんです。いちおう勲章みたいなのがあってね。いや、ありがとうございます。それを見て、「すごいな」と言ってくれる人がいて。

釈　ほお。

渡部昇一　私は、大したことをした覚えは何もないので、そんなふうに言われるようなことは何もないんですけど。

釈　いえ、いえ。

では、あの世では、大川隆法総裁をご認識されている方がたくさんいらっしゃるんですね？

渡部昇一　とっても有名。

釈　ああ、そうですか。

渡部昇一　今、とっても有名です。

いやあ、あなた（釈）は、政党をやって、ウンウン言っていらっしゃるんだろうけど、（大川総裁は）とっても有名でいらして。そうだなあ、知的なジャンルの人や政治ジャンルの人と話すときは、必ず話題では出ますね。必ず話題では出るんで。

それはね、キリストが出ていても、キリストの時代にはそれを知らない人ばかりだっただろうしさ。仏陀《ぶっだ》が出ても知らない人はいっぱいいるしさ。マルクスが出ようが毛沢東《もうたくとう》が出ようが、知らない人は知らないだろうけど。あの世の人のほうはよく知っている感じで。

だから、〝一つの文明実験〟としては見ていて、「日本で起きている文明実験がどこまで行くかなあ」っていうようなことは、みんな関心を持って見ているねえ。

幸福の科学の思想は、安倍《あべ》政権のもとになっている

釈　巨大《きょだい》な新しい文明をつくる運動が地上で起きているということも、あの世ではみんな知っている、と？

渡部昇一　私は、安倍《あべ》さんの応援《おうえん》をしたこともあるし、稲田《いなだ》（朋美《ともみ》）さんの応援をしたこともあるし。

釈　はい。「ともみ組」の会長でいらっしゃいました。

渡部昇一　（稲田氏は）防衛大臣を降ろされたけど、また当選されたということで、よかったなあとは思っておりますが。まあ、そういう方もいらっしゃいますけれども。でも、安倍さんが頑張《がんば》ったって、あと三、四年ぐらいのもんだと思うし。

あなたがたは、「議員で活躍《かつやく》できない」と悔《くや》しく思っているかもしれないけれども、いやあ、今やっていること自体は、いろいろなところで影響は出て、知られているし。

まあ、マルクスの例を出したら怒《おこ》られるのかもしらんが、マルクスが、「私はマルクス主義者ではない」と言ったとかいう言葉もあるよね。

大川隆法先生や大川隆法先生の考えはよく知られているんだけど、〝大川先生の名を冠《かん》した政党〟や、ほかの活動が、どれだけ成功しているかとか、そんなようなことに、みんなあんまり関心を持っていないようなところはある。

君らは、「何議席取ったか」とか、「何パーセント取ったか」とかいうことなんだろうけど、みんな、そんなにはずっと関心を持っていないので。

それはまた、あの世に来て、「個人主義の世界」のなかに入っていくんだろうから。たぶん、「生前、それを信じていた人や、そのために働いていたような人たちがどうであったか」って、個人個人の問題で評価されていくのかなあとは思う。

ただ、幸福の科学を通じて出されている思想自体は大きく影響していて、実は、今の安倍政権とかがやっていることの〝もとにはなっている〟とは思うんで。その方向に全部が動いてるから、それはそれでいいんじゃないの。

だから、「自民党なんか、みんな〝会費〟を払《はら》っていない幸福の科学の会員だ」と思えばいいんじゃないの。〝会費〟を払ってくれていないかもしれないけど、ほとんど、あれは〝弟子《でし》〟だよ、みんな。ほぼそうだと思うよ。野党にもいっぱいいるわ。

今回は、ちょっとだけ見ていたけど、選挙戦が始まる前に、安倍さんの守護霊《しゅごれい》も小池百合子《こいけゆりこ》さんの守護霊も両方、ここへ来て、大川総裁に頼《たの》み込《こ》んできてたから、「応援してください」って。両方から〝客引き〟されてたよ。だけど、（大川総裁は）「うちは美人党首がいるし、そういうわけにもいかんし」みたいな感じで。

安倍首相の守護霊からは、「そんなこと言ったって、私だって昔、鎌倉《かまくら》幕府には関係があった者で、そういう意味ではつながりはあるのであって……」みたいな感じのことを言ってたし。小池さんの守護霊のほうも、「私のことだって応援してくれたこともあるんだから、つながりはないわけじゃなくて……」みたいなことで。でも、「美人党首の釈さんもいるし、困ったなあ」みたいな感じで、やってたよ。

要するに、この世的なセクショナリズムとは関係なく、（幸福の科学の思想が）霊的には影響はしてはいるんで。守護霊とか、そんなレベルでは、影響を受けている人はいっぱいいるから。まあ、この世のことは難しいけど、いずれ、なるようにはなるよ。なるようにはなるんじゃないか。

武田　分かりました。

釈　ありがとうございます。

渡部昇一　うん。

選挙戦が始まる前に、
安倍さんの守護霊《しゅごれい》も
小池百合子《こいけゆりこ》さんの守護霊も、
大川総裁に頼《たの》み込《こ》んできてたから、
「応援《おうえん》してください」って。

11　渡部昇一氏は、実は仏教系の霊界《れいかい》にいる？

仏教の世界に近い理由は「自助努力型の教え」にある

武田　渡部昇一先生に伺《うかが》いたい質問は尽《つ》きないんですけれども、そろそろ、お時間となりますので、最後に、私たち国民に、あるいは、幸福の科学のメンバーにでも結構なのですけれども、メッセージを頂きたいと思います。よろしくお願いいたします。

渡部昇一　うん。

やっぱり、宗教を「オカルト」と呼んじゃいけないね。気をつけよう。あの世でだいぶ注意を受けたから、宗教を「オカルト」と呼ぶのはやめましょう。

それから、パスカルの例なんか出して、「（あの世が）あるもないも五分五分《ごぶごぶ》」みたいな話をするのもやめましょう。そういう低次元の比喩《ひゆ》をすると、あとで恥《はじ》をかいて、怒《おこ》られるから、やめたほうがいいと思います。素直《すなお》に純粋《じゅんすい》に、「信仰《しんこう》は尊《とうと》い」とか「信仰は美しい」とか思っておいたほうがいいと思います。

この世には、いろんな宗教や宗派《しゅうは》があるし、まあ、間違《まちが》ったものもあるのかもしれないけれども、オーソドックスに信じられているようなものは、だいたい、いいものが多いからね。

何を信じるかによって、あの世の行く世界とか、いわゆるガイド、「誰《だれ》がガイドにつくか」っていうようなことが変わるらしい。そのへんは隠《かく》せないので。私も、キリスト教式で教育も受けたし、仕事もしたし、最期《さいご》のお別れもしてはもらったけど、あの世に還《かえ》ってきてみると、何だかちょっと日本的で。

それで、神道《しんとう》のほうへ行くと思ったが、神道というよりは「仏教」のような感じの世界のほうが近いので。さっき言ったように、菩薩《ぼさつ》や観音《かんのん》様のような人のほうがよくやって来るから、「あれ？　魂《たましい》的には、意外にこちらのほうが近かったのかなあ」と思ったりもするんで。

まあ、お釈迦《しゃか》様の考えに近かったんじゃないですかねえ。「自助努力」を言ったけど、●縁起《えんぎ》の理法《りほう》みたいなのが、どうも、「お釈迦様の思想」にちょっと近かったんじゃないかなあ。

綾織　まだお分かりにならないかもしれませんが、仏教系で生まれられた記憶《きおく》も……。

渡部昇一　あるんだろうと思う。

綾織　ああっ、そうですか。

●縁起の理法　仏教の中心思想の一つで、「因《いん》」（原因）と「縁《えん》」（条件）によって「果《か》」（結果）が現れるという法則のこと。「原因・結果の法則」とも言われる。

渡部昇一　たぶん、あるんだろうと思うけど、今の認識力が低いから、もうちょっと（時間が）かかる。もう少しかかる。まだ、生きてきた人間としての個性の自己認識しかできないので。

何か、●西田幾多郎《にしだきたろう》みたいななあ？　いや、カントみたいな感じの、「あっちにも我あり。ここにも我あり」みたいな感じのは、ちょっと、今のところ、まだ無理なんで。もう少しで分かるかもしれないけど。

「自助努力型の教え」をよく説いたので、意外に、仏教系の人たちがわりに評価してくれているみたいで、何か、世界的には、ややそちらのほうに近いみたいですね。

「大川総裁は奈良《なら》の大仏みたいな存在」

渡部昇一　まだ半年なんで、これから、また世界がいろいろ違うところに移って、

●西田幾多郎（1870 ～ 1945）　近代日本の代表的な哲学者。1894年、東京帝国大学選科を卒業。金沢の第四高等学校教授等を経て、京都帝国大学教授となった。日本人独自の体系を試みた最初の哲学書『善の研究』等で知られる。（上）『西田幾多郎の「善の研究」と幸福の科学の基本教学「幸福の原理」を対比する』（幸福の科学出版刊）

ほかの経験もするかもしれないですけれども。そんな感じだから。まあ、「菩薩」とかいわれる人にも、今の世では〝無名の方〟がたくさんいらっしゃるんでね。だから、あの世へ来ないと分からない方は、いっぱいいるけど。

でも、何か世の中のお役に立って、世の中の人々をお助けする仕事をした人たちがいる世界らしいね。そういうところにいるらしい。

だから、それでは〝普通《ふつう》〟なんだけど、ただ、「大川隆法総裁の若いころに、ちょっと影響《えいきょう》を与《あた》えたのが勲章《くんしょう》になっている」っていうことはあるらしい。

釈　確かに、大川隆法総裁のご著書を読んだりして、地上で総裁とご縁を深めておくことは、とても重く大事なことになりますよね。

渡部昇一　ただ、私には、それはちょっと測《はか》れないから、よく分からないんだけど、（大川総裁は）「奈良《なら》の大仏」みたいな存在なんじゃないの？　たぶん、そんな感じだと思いますよ。私には、ちょっと表現がうまくできないし、言えないんだけど。そんな存在なのではないかなあという気はしますから。

何かの記念のときに、光の塊《かたまり》のような存在が来られるらしい!?

綾織　霊界《れいかい》で、「そういった光の塊《かたまり》のような存在を目にした経験」というのはあるのでしょうか。

渡部昇一　うーん……。もう一つ上の世界へ行かないと、ちょっと厳しいかな。目が潰《つぶ》れるんだって。

（そういう存在が）「たまに来られることがあるらしい」っていうことは聞いているんだけど。たぶん、私たちのいるのは、あなたがたが「菩薩の世界」と言っている世界なんだろうと思うけど、「このあたりに、光の塊みたいな人が来る」っていうことは、われわれの世界でもそんなに多くはなくて。本当に、「何年」って言うのか、これ、ちょっと分からないけど、「何年に一回」ぐらいの行事らしいので。やっぱり、目が潰れるぐらいまばゆくて、お姿は、はっきりは見えないんだって。だから、サングラスをしてたら笑われるけど、目が焼けないように、何か少し工夫《くふう》をしなきゃいけないんだって。

ちょっと何か、（両手で目を覆《おお》うしぐさをしながら）こういうふうな目隠しを少しして、その光を弱くして見ないといけないって。「日食《にっしょく》」みたいなのを見ているような……。日食じゃないのか、太陽かな。太陽を見るときに、何かほかのものを通さないと目がやられちゃうじゃない。あんな感じらしい。

でも、「ときどき、〝何年かに一回〟に相当するのかどうか知らんけど、来て、お姿を現して、何かの記念のときに来られるような存在はある」っていうふうには聞いています。

武田　分かりました。

12 死んだらどうなる？⑥ 死後に「後悔《こうかい》しない生き方」とは

「この世は遠い感じ。価値を感じていたものは薄《うす》らいできた」

武田　（他の質問者たちに）ほかには、よろしいですか。

渡部昇一　あんまりジャーナリスティックじゃなかったかなあ、私の（今日の話は）。

綾織　いえ、いえ。かなり、いろいろなことが分かりました。

渡部昇一　新聞の活字や週刊誌やテレビが、何か気が遠くなるような、『渡部昇一、ちょっと〝認知症《にんちしょう》〟になったんと違《ちが》うか」っていうような話になっちゃったね。

綾織　いえ、よりクリアになっていると思います。

武田　ええ。「死後の生活」を学べる機会はめったにないので、今日は非常に貴重なお話を頂いたと思います。

渡部昇一　そうか。うーん……、もうちょっと、あと一年とか二年したらねえ、「変身！　とか言ったら、毛虫になっちゃった」とか……（会場笑）。

武田・綾織　（笑）

渡部昇一　「チョウチョになっちゃった」とか、そんな体験をしているかもしれない。

武田　そうですね（笑）。

渡部昇一　今はまだ、ちょっと、そうはならない。分からない。

綾織　地上の私たちも、ご指導を頂けるように頑張《がんば》ってまいりたいと思います。

渡部昇一　ああ、それは、君たちのほうが教学は進んでいらっしゃるから、もっとよく知っているんじゃないかな。

だから、この世のほうの指導をね、何かしてあげたいけど、少し距離《きょり》が遠くなって、何か遠い感じ、本当に展望台から双眼鏡《そうがんきょう》で見ているような感じなので。見えるけど、何か「口出ししていいのかな。どうなのかなあ」っていう。

それと、この世的に価値を感じていたものが、ちょっと、みんな薄《うす》らいできたような。うっすらときて、「黒田《くろだ》さん（黒田東彦《はるひこ》・日本銀行総裁）がマイナス金利を始めた」とか、「お金をいっぱい出しているらしい」みたいなことを聞いても、「へえー」っていうような感じで、何か昔、金貨みたいなのがちょっと薄められて、いっぱいつくられたのをボーッと見ているような感じの、そんなふうにしか聞こえないんだよな。

あの世に還《かえ》って、はっきりと分かった「イエスの受難《じゅなん》の意味」

綾織　終了《しゅうりょう》時間も近くなってきているのですけれども、逆に、「あの世に還《かえ》られて価値が高まっているもの」というのはありますでしょうか。

渡部昇一　価値が高まっているもの？　うーん……。

それはねえ、この世とは〝逆〟でね、自分の自由にならないのに、不自由というか、特に、忍耐して、何か守り抜いて頑張ったようなものが、すごく輝いて見えるところがある。

だから、「幸福」っていうのが、今、君らが思っているものと少し違うと思うのは、例えば、「貧困は悪で、裕福《ゆうふく》なのはいいことだ」と思うけど、人は貧困なくして、努力していい職業に就《つ》いたり、勉強して成功したりするようなことも、またないじゃない。

綾織　はい。

渡部昇一　だから、「貧困に耐《た》えているとき」とか、あるいは、「病気をしたけど、病気に耐えて、そのなかで努力したこと」や、「やがて、その病気から立ち直ったりしたこと」みたいなのは、この世的には値打ちがあまりないように見えるけど、実際はすごく値打ちのあることなので。

忍耐《にんたい》して、
何か守り抜《ぬ》いて頑張《がんば》ったようなものが、
すごく輝《かがや》いて見える。

（釈に）あなたで言えば、幸福実現党は、まだ、ほんの八年ぐらいなんだろうけど、東大野球部の記録を超《こ》えてねえ、連戦……、そのあとは言えませんが（苦笑）。

釈　（苦笑）

渡部昇一　その〝記録〟を伸《の》ばすようなことが、もしあるとすれば、「それを耐え抜いた」っていうようなことは、「すごい力投《りきとう》に次ぐ力投をなされたのかなあ」みたいな感じで、それがみんな、〝勲章《くんしょう》に変わっていく〟ことがあるんじゃないか。

だから、私も、イエスのなあ、「受難《じゅなん》」っていうのをキリスト教徒風に勉強しても、よく分からない部分がどうしてもあったんだが。「『救世主』といわれる方が、もう裸《はだか》みたいな格好で十字架《じゅうじか》に架かって、釘《くぎ》で打ち付けられて、茨《いばら》の冠《かんむり》を被《かぶ》せられて、それで脇腹《わきばら》も刺《さ》されたりして、血を流して死ぬ」みたいなのは、ちょっと悲《ひ》惨《さん》すぎてね。「これでいいのかなあ。日本の神仏《かみほとけ》の感じとは少し違うな」っていう感じはしていたんだけど。

「ああ、やっぱり、この世で、そういう受難とまではいかないけど、困難とか苦難みたいなものに耐え抜いて、信念を貫《つらぬ》いて、人々のために『いいことだ』と思うことをやり続けた人は、たとえ、この世で遺った業績は小さくても、だんだんに大きなものに見られていくんだ」っていうことだけは、はっきりと分かった。

だから、「この世で小さい者が大きくなり、大きい者は小さくなる」と言われたけど、肩書《かたがき》なんかもそうだとは思うんだ。例えば、「東大総長」なんて、この世ではすごく偉《えら》いことだろうけど、「東大総長だから、私より偉いところにいるか」っていったら、そんなこともないわけで。そういうことがある。

その「頑張《がんば》り抜《ぬ》く」が「喜び」に変わるから

渡部昇一　あるいは、「幸福実現党の党首は、自民党の党首よりも〝小さい政党〟の党首だ」と思うかもしれないけど、「その〝小さいところ〟で、一生懸命《いっしょうけんめい》、実現しがたい価値を実現するために苦闘《くとう》して、マスコミなんかの無視に耐えて、頑張《がんば》ってやってきている」ということはね、天上界《てんじょうかい》で見ている人は、みんな見ていることだから。「どう頑張り抜《ぬ》けるか」っていうようなところが、次は「喜び」に変わることになるから。

この世の人たちは知らないんだから。知らないんだから、それは、しょうがないじゃない、知らない人たちを責めても。

だから、民主主義でやっているけど、要するに、「もう分からないから数で決めよう」っていうだけでしょう？　だけど、数で決めるときに、大多数が間違っている場合、誤解している場合、これは、もうどうにもならないじゃない。

だから、何て言うか……、言いにくいんだけど。民主主義を肯定《こうてい》しないと、すぐ「ヒットラー」みたいな、何か「独裁者」みたいな言い方をされるから言いにくいんだけど。

政治家として言やあね、民主主義も、「うまく嘘《うそ》をついた人には票が集まり、正

「どう頑張《がんば》り抜《ぬ》けるか」
っていうようなところが、
次は「喜び」に変わることになるから。

直に言った人に票は入らない」っていうような感じに見えるし、マスコミなんかがほめるときは、嘘をつくのが上手な人をほめて、「嘘がつけないような人は、まだ素人《しろうと》だ」と見ているようにしか見えないようなところはあるわな。

だから、正しい「正論」だけを説いているような人たちは、〝一匹狼《いっぴきおおかみ》〟みたいに見えてしまうところがあって、そういう〝党派性〟っていうかなあ、組織を維持《いじ》するには力がないように見えているんだろうなあと思うけど。

しょせん、みんなさあ、「知らずに犯《おか》す罪」を犯しているので。知らない人たちが多数決をやって、「〇〇が強い」とか「偉い」とか言っているけど、そんな価値観、全部、粉々《こなごな》になっちゃうから、いずれ。

だから、あなたがたがこの世でやっている間に認められようが認められまいが、「やらねばならん」と思うことに、一生懸命、努力していったらいいんだよ。それが、世の中を変えていったり、結局、最終的には、「世の中を変える」というよりも、「この地上を媒介《ばいかい》として修行《しゅぎょう》をしている人たちの心に影響《えいきょう》を与《あた》える」ことが大事なことなんでね。

私たちの世界には北朝鮮《きたちょうせん》のミサイルも届かないよ。届かないけれども、彼らが死後どうなるかは、それぞれの〝お裁《さば》き〟が待っているだろうし、ちゃんと縁起《えんぎ》の理《り》法《ほう》は、きっと完結するから。まあ、漏《も》れることはないよ。理不尽《りふじん》なことは、理不尽なこととして、ちゃんと裁かれることになる。

ただ、「この世っていうか、あなたがたの世界で、それを理不尽だと言って、やっている人たち、言論を告《つ》げている人たちが、認められなかったからといって、それで（自分たちは）間違ってるとか価値がないとか思うのは間違いだ」ということは言っておきたいな。

武田　はい。

次回出るときは「カントやヘーゲルと議論した」と言いたい

渡部昇一　私も生前、本を出したって、たいてい、売れて五万部ぐらいしか行ってなかったから。新聞とかテレビに比べりゃ、もう本当に「蚊《か》が刺すぐらいの力しかない」っていうことだよ。自分の無力をずいぶん感じたけど。

それでも、大川総裁が一人の言論でやっているよりは、「組織があって、仕事をし続けている。毎回、毎回している」っていうことは、やっぱり、影響を与えている人が増えているとは思うので。まあ、頑張りなさいよ。

釈　ありがとうございます。

渡部昇一　（釈に）あの世に来たら、きっと、もっともっと美人になって還ってくるよ。

釈　（笑）（涙声《なみだごえ》で）もう本当に、全国の仲間が勇気を頂きました。まことにありがとうございます。

渡部昇一　うん。だから、自民党なんてねえ、〝会費を払《はら》っていない幸福の科学の信者だ〟と思えばいいいんだよ。そんなの、やっていることは同じだから。

釈　ありがとうございます。

渡部昇一　うん。

武田　本日は、貴重なお話と、また、温かい励《はげ》ましを頂きまして本当にありがとうございました。

これからも昇一先生にご指導いただけるような自分たちであれるように、こちらでも修行を頑張ってまいりたいと思います。

渡部昇一　いや、私も勉強して、〝坊《ぼう》さん〟に説教できるような境地に到達《とうたつ》したいなあと思うので。あんまり長くしゃべると、ちょっとボロが出るから、このあたりで引き揚《あ》げてくれるほうがありがたいなあと思っています。

まあ、次回、出るときは、「カントとも議論したんだがなあ」とか（会場笑）、「ヘーゲルとも話したが」っていうようなことが言えるといいなあ（笑）。

武田　（笑）はい。楽しみにしております。

渡部昇一　そのくらいまで偉くなりたい。ちょっと今のところ、そんなに相手にされていない感じがするので。もう少し頑張ってみます。

武田　はい。本日は、ありがとうございました。

渡部昇一　はい。

13　菩薩界《ぼさつかい》に相当する世界に還《かえ》っていた渡部昇一氏

大川隆法　（手を三回叩《たた》く）人柄《ひとがら》のよいところは相変わらずのようですが、死後、半年たった結果、この世がやや遠くにボーッと見えるような感じになっていると思われます。

「丘《おか》の上から望遠鏡で町を見ているけれども、自分は、それをどうこうする関係にはない」というような感じに見えましたね。

武田　はい。

大川隆法　この人がおられる所について、「個人主義」とおっしゃいました。思想家のような人たちはそうなのかもしれませんが、この世界がすべてではないので、全部がそうなのかどうかは分かりません。

ただ、「場所としては、菩薩界《ぼさつかい》に相当する世界あたりに還《かえ》っているらしい」ということだけは分かりました。

今後もよきお導きをしてくださいますことを祈《いの》って、今日はお別れしたいと思います。

武田　はい。

大川隆法　ありがとうございました。

質問者一同　ありがとうございました。

あとがき

著名な評論家でもあった昇一先生の、霊になって半年の衝撃レポートである。もちろん、オカルトでも、ホラーでも、スリラーでもない。新鮮な目で、この世とあの世の実体験の違いを語って下さっており、「目から鱗《うろこ》」の人も多かろう。

私の国民へのお願いは、少なくとも、死ぬ前にこの本一冊ぐらいは読んでおいて頂きたい。さらに、できれば学生時代ぐらいから読んでおいて下されば、その後の人生は全《まった》く違ったものになると強く断言しておきたい。

まことにぜいたくな願いであるが、あの世での経験がたまれば、折々《おりおり》に昇一先生にレポートして下されば幸いだと思っている。
永《なが》らく、宗教では「実在《じつざい》の世界」といわれていた世界の実相《じっそう》が、ありありと分かる本書は、バイブル（聖書）以上にインパクト（強い影響）があるのではなかろうか。

二〇一七年　十月三十一日

幸福《こうふく》の科学《かがく》グループ創始者兼総裁《そうししゃけんそうさい》　大川隆法《おおかわりゅうほう》

『渡部昇一　死後の生活を語る』大川隆法著作関連書籍

『永遠の法』（幸福の科学出版刊）
『渡部昇一　日本への申し送り事項　死後21時間、復活のメッセージ』（同右）
『渡部昇一流・潜在意識成功法』（同右）
『外交評論家・岡崎久彦――後世に贈る言葉――』（同右）
『フランクリー・スピーキング』（同右）
『幸田露伴かく語りき』（同右）
『ヒルティの語る幸福論』（同右）
『西田幾多郎の「善の研究」と幸福の科学の基本教学「幸福の原理」を対比する』（同右）
『幸福実現党に申し上げる――谷沢永一の霊言――』（幸福実現党刊）

渡部昇一《わたなべしょういち》 死後《しご》の生活《せいかつ》を語《かた》る

——霊になって半年の衝撃レポート——

2017年11月15日　初版第１刷

著　者　　大《おお》　川《かわ》　隆《りゅう》　法《ほう》

発行所　　幸福の科学出版株式会社

〒107-0052 東京都港区赤坂２丁目 10 番 14 号

TEL(03)5573-7700

http://www.irhpress.co.jp/

印刷・製本　株式会社 堀内印刷所

落丁・乱丁本はおとりかえいたします

ISBN978-4-86395-956-9 C0014

本文写真：sceptre ／写楽斉／ peruri/PIXTA ／ Bridgeman Images/ アフロ／ Reizouko Image TNM Image Archives ／ AFP ＝時事／時事

大川隆法 霊言シリーズ・保守の評論家・言論人に訊く

渡部昇一 日本への申し送り事項
死後 21 時間、復活のメッセージ

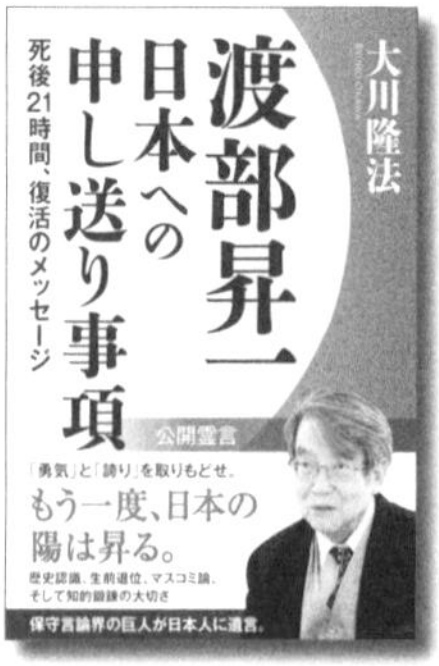

「知的生活」の伝道師として、また「日本の誇りを取り戻せ」運動の旗手として活躍してきた「保守言論界の巨人」が、日本人に託した遺言。

1,400円

渡部昇一流・潜在意識成功法
「どうしたら英語ができるようになるのか」とともに

英語学の大家にして希代の評論家・渡部昇一氏の守護霊が語った「人生成功」と「英語上達」のポイント。「知的自己実現」の真髄がここにある。

1,600円

外交評論家・岡崎久彦 ―後世に贈る言葉―

帰天後3週間、天上界からのメッセージ。中国崩壊のシナリオ、日米関係と日ロ外交など、日本の自由を守るために伝えておきたい「外交の指針」を語る。

1,400円

※表示価格は本体価格（税別）です。

大川隆法 霊言シリーズ・保守の評論家・言論人に訊く

幸福実現党に申し上げる

谷沢永一の霊言

保守回帰の原動力となった幸福実現党の正論の意義を、評論家・谷沢永一氏が天上界から痛快に語る。驚愕の過去世も明らかに。【幸福実現党刊】

1,400円

竹村健一・逆転の成功術

元祖『電波怪獣』の本心独走

人気をつかむ方法から、今後の国際情勢の読み方まで――。テレビ全盛時代を駆け抜けた評論家・竹村健一氏の守護霊に訊く。

1,400円

守護霊インタビュー
堺屋太一　異質な目
政治・経済・宗教への考え

元通産官僚、作家・評論家、元経済企画庁長官など、幅広い分野で活躍してきた堺屋太一氏。メディアでは明かさない本心を守護霊が語る。

1,400円

大川隆法ベストセラーズ・「あの世」を深く知るために

永遠の法

エル・カンターレの世界観

すべての人が死後に旅立つ、あの世の世界。天国と地獄をはじめ、その様子を明確に解き明かした、霊界ガイドブックの決定版。

2,000円

霊的世界のほんとうの話。

スピリチュアル幸福生活

36問のQ＆A形式で、目に見えない霊界の世界、守護霊、仏や神の存在などの秘密を解き明かすスピリチュアル・ガイドブック。

1,400円

霊界散歩

めくるめく新世界へ

人は死後、あの世でどんな生活を送るのか。霊界の最新の情景をリアルに描写し、従来の霊界のイメージを明るく一新する一冊。

1,500円

※表示価格は本体価格(税別)です。

大川隆法ベストセラーズ・知的生活のすすめ

フランクリー・スピーキング

世界新秩序の見取り図を語る

大川隆法のインタビュー＆対談集。渡部昇一氏との対談、海外一流誌などのインタビューを収録。宗教界の最高峰「幸福の科学」の魅力が分かる格好の書。

1,456円

老いて朽ちず

知的で健康なエイジレス生活のすすめ

いくつになっても知的に。年を重ねるたびに健やかに——。著者自身が実践している「知的鍛錬」や「生活習慣」など、生涯現役の秘訣を伝授！

1,500円

「比較幸福学」入門

知的生活という名の幸福

ヒルティ、アラン、ラッセルなど、「幸福論」を説いた人たちは、みな「知的生活者」だった！ 彼らの思想を比較分析し、幸福とは何かを探究する。

1,500円

大川隆法霊言シリーズ・人生を拓く努力論

幸田露伴かく語りき

スピリチュアル時代の <努力論>

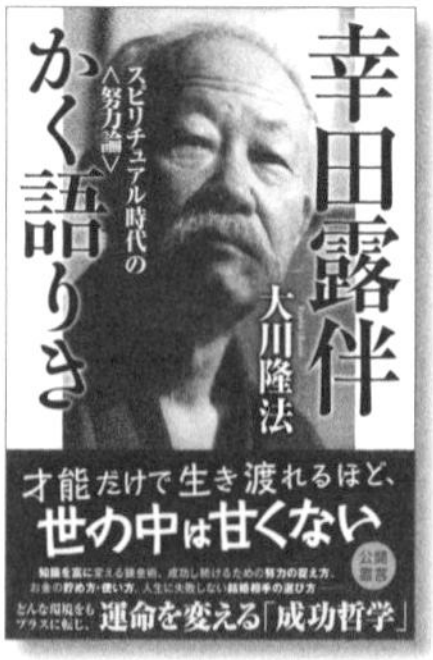

努力で破れない運命などない！ 電信技手から転身し、一世を風靡した明治の文豪が語る、どんな環境をもプラスに転じる「成功哲学」とは。

1,400円

現代の自助論を求めて

サミュエル・スマイルズの霊言

自助努力の精神を失った国に発展はない！『自助論』の著者・スマイルズ自身が、成功論の本質や、「セルフ・ヘルプ」の現代的意義を語る。

1,500円

ヒルティの語る幸福論

人生の時間とは、神からの最大の賜りもの。「勤勉に生きること」「習慣の大切さ」を説き、実務家としても活躍した思想家ヒルティが語る「幸福論の真髄」。

1,500円

※表示価格は本体価格（税別）です。

大川隆法ベストセラーズ・英語の達人を目指して

英語が開く「人生論」「仕事論」

知的幸福実現論

あなたの英語力が、この国の未来を救う——。国際的な視野と交渉力を身につけ、あなたの英語力を飛躍的にアップさせる秘訣が満載。

1,400円

外国語学習限界突破法

日本人が英語でつまずくポイントを多角的に分析。文法からリスニング、スピーキングまで着実にレベルをアップさせる秘訣などをアドバイス。

1,500円

英語界の巨人・斎藤秀三郎が伝授する英語達人への道

受験英語の先にほんとうの英語がある! 明治・大正期の英語学のパイオニアが贈る「使える英語」の修得法。英語で悩める日本人、必読の書。

1,400円

大川隆法シリーズ・**最新刊**

マイティ・ソーとオーディンの北欧神話を霊査する

「正義」と「英雄」の時代が再びやってくる――。巨人族との戦い、魔術と科学、宇宙間移動など、北欧神話の神々が語る「失われた古代文明」の真実。

1,400円

秦の始皇帝の霊言 2100 中国・世界帝国への戦略

ヨーロッパ、中東、インド、ロシアも支配下に!? 緊迫する北朝鮮危機のなか、次の覇権国家を目指す中国の野望に、世界はどう立ち向かうべきか。

1,400円

経営と人望力

成功しつづける経営者の資質とは何か

豪華装丁 函入り

年代別の起業成功法、黒字体質をつくるマインドと徳、リーダーの条件としての「人望力」など、実務と精神論の両面から「経営の王道」を伝授。

10,000円

※表示価格は本体価格（税別）です。

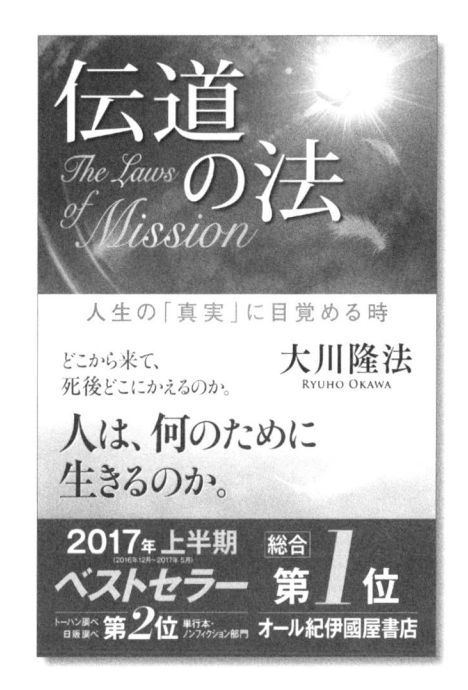

幸福の科学グループのご案内

宗教、教育、政治、出版などの活動を通じて、地球的ユートピアの実現を目指しています。

幸福の科学

一九八六年に立宗。信仰の対象は、地球系霊団の最高大霊、主エル・カンターレ。世界百カ国以上の国々に信者を持ち、全人類救済という尊い使命のもと、信者は、「愛」と「悟り」と「ユートピア建設」の教えの実践、伝道に励んでいます。

（二〇一七年十一月現在）

愛

幸福の科学の「愛」とは、与える愛です。これは、仏教の慈悲《じひ》や布施《ふせ》の精神と同じことです。信者は、仏法真理をお伝えすることを通して、多くの方に幸福な人生を送っていただくための活動に励んでいます。

悟り

「悟り」とは、自らが仏の子であることを知るということです。教学《きょうがく》や精神統一によって心を磨き、智《ち》慧《え》を得て悩みを解決すると共に、天使・菩薩《ぼさつ》の境地を目指し、より多くの人を救える力を身につけていきます。

ユートピア建設

私たち人間は、地上に理想世界を建設するという尊い使命を持って生まれてきています。社会の悪を押しとどめ、善を推し進めるために、信者はさまざまな活動に積極的に参加しています。

国内外の世界で貧困や災害、心の病で苦しんでいる人々に対しては、現地メンバーや支援団体と連携して、物心両面にわたり、あらゆる手段で手を差し伸べています。

年間約３万人の自殺者を減らすため、全国各地で街頭キャンペーンを展開しています。

公式サイト　**www.withyou-hs.net**

ヘレン・ケラーを理想として活動する、ハンディキャップを持つ方とボランティアの会です。視聴覚障害者、肢体不自由な方々に仏法真理を学んでいただくための、さまざまなサポートをしています。

公式サイト　**www.helen-hs.net**

入会のご案内

幸福の科学では、大川隆法総裁が説く仏法真理《ぶっぽうしんり》をもとに、「どうすれば幸福になれるのか、また、他の人を幸福にできるのか」を学び、実践しています。

入会

仏法真理を学んでみたい方へ

大川隆法総裁の教えを信じ、学ぼうとする方なら、どなたでも入会できます。入会された方には、『入会版「正心法語」』が授与されます。

三帰《さんき》誓願《せいがん》

信仰をさらに深めたい方へ

仏弟子としてさらに信仰を深めたい方は、仏《ぶっ》・法《ぽう》・僧《そう》の三宝《さんぽう》への帰依を誓う「三帰誓願式」を受けることができます。三帰誓願者には、『仏説・正心法語《しょうしんほうご》』『祈願文《きがんもん》①』『祈願文②』『エル・カンターレへの祈り』が授与されます。

幸福の科学 サービスセンター
TEL 03-5793-1727
受付時間／
火～金：10～20時
土・日祝：10～18時

幸福の科学 公式サイト
happy-science.jp

幸福の科学グループの教育・人材養成事業

教育

ハッピー・サイエンス・ユニバーシティ
Happy Science University

ハッピー・サイエンス・ユニバーシティとは

ハッピー・サイエンス・ユニバーシティ(HSU)は、大川隆法総裁が設立された「現代の松下村塾」であり、「日本発の本格私学」です。建学の精神として「幸福の探究と新文明の創造」を掲げ、チャレンジ精神にあふれ、新時代を切り拓く人材の輩出を目指します。

学部のご案内

人間幸福学部

人間学を学び、新時代を切り拓くリーダーとなる

経営成功学部

企業や国家の繁栄を実現する、起業家精神あふれる人材となる

未来産業学部

新文明の源流を創造するチャレンジャーとなる

HSU長生キャンパス
〒299-4325
千葉県長生郡長生村一松丙 4427-1
TEL 0475-32-7770

未来創造学部

時代を変え、未来を創る主役となる

政治家やジャーナリスト、ライター、俳優・タレントなどのスター、映画監督・脚本家などのクリエーター人材を育てます。4年制と短期特進課程があります。

・4年制
1年次は長生キャンパスで授業を行い、2年次以降は東京キャンパスで授業を行います。

・短期特進課程(2年制)
1年次・2年次ともに東京キャンパスで授業を行います。

HSU未来創造・東京キャンパス
〒136-0076
東京都江東区南砂2-6-5
TEL 03-3699-7707

学校法人
幸福の科学学園

学校法人　幸福の科学学園は、幸福の科学の教育理念のもとにつくられた教育機関です。人間にとって最も大切な宗教教育の導入を通じて精神性を高めながら、ユートピア建設に貢献する人材輩出を目指しています。

幸福の科学学園

中学校・高等学校（那須本校）
2010年4月開校・栃木県那須郡（男女共学・全寮制）
TEL **0287-75-7777**
公式サイト **happy-science.ac.jp**

関西中学校・高等学校（関西校）
2013年4月開校・滋賀県大津市（男女共学・寮及び通学）
TEL **077-573-7774**
公式サイト **kansai.happy-science.ac.jp**

仏法真理塾「サクセスNo.1」 TEL **03-5750-0747**（東京本校）
小・中・高校生が、信仰教育を基礎にしながら、「勉強も『心の修行』」と考えて学んでいます。

不登校児支援スクール「ネバー・マインド」 TEL **03-5750-1741**
心の面からのアプローチを重視して、不登校の子供たちを支援しています。
また、障害児支援の「**ユー・アー・エンゼル!」運動**も行っています。

エンゼルプランV TEL **03-5750-0757**
幼少時からの心の教育を大切にして、信仰をベースにした幼児教育を行っています。

シニア・プラン21 TEL **03-6384-0778**
希望に満ちた生涯現役人生のために、年齢を問わず、多くの方が学んでいます。

NPO活動支援

学校からのいじめ追放を目指し、さまざまな社会提言をしています。また、各地でのシンポジウムや学校への啓発ポスター掲示等に取り組む一般財団法人「いじめから子供を守ろうネットワーク」を支援しています。

公式サイト **mamoro.org**
相談窓口 **TEL.03-5719-2170**
ブログ **blog.mamoro.org**

政治

幸福実現党

内憂外患《ないゆうがいかん》の国難に立ち向かうべく、2009年5月に幸福実現党を立党しました。創立者である大川隆法党総裁の精神的指導のもと、宗教だけでは解決できない問題に取り組み、幸福を具体化するための力になっています。

幸福実現党 釈量子サイト
shaku-ryoko.net

Twitter
釈量子@shakuryoko
で検索

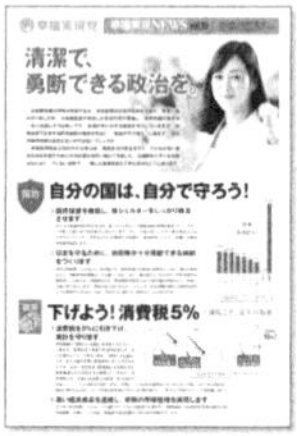

党の機関紙
「幸福実現NEWS」

幸福実現党　党員募集中

あなたも幸福を実現する政治に参画しませんか。

○ 幸福実現党の理念と綱領、政策に賛同する18歳以上の方なら、どなたでも参加いただけます。
○ 党費：正党員（年額5千円［学生 年額2千円］）、特別党員（年額10万円以上）、家族党員（年額2千円）
○ 党員資格は党費を入金された日から1年間です。
○ 正党員、特別党員の皆様には機関紙「幸福実現NEWS（党員版）」が送付されます。

＊申込書は、下記、幸福実現党公式サイトでダウンロードできます。
住所：〒107-0052　東京都港区赤坂2-10-8 6階 幸福実現党本部
TEL 03-6441-0754　**FAX 03-6441-0764**
公式サイト **hr-party.jp**　若者向け政治サイト **truthyouth.jp**

幸福の科学出版

出版 メディア 事業

大川隆法総裁の仏法真理の書を中心に、ビジネス、自己啓発、小説など、さまざまなジャンルの書籍・雑誌を出版しています。他にも、映画事業、文学・学術発展のための振興事業、テレビ・ラジオ番組の提供など、幸福の科学文化を広げる事業を行っています。

アー・ユー・ハッピー？
are-you-happy.com

ザ・リバティ
the-liberty.com

幸福の科学出版
TEL **03-5573-7700**
公式サイト **irhpress.co.jp**

THE FACT

ザ・ファクト
マスコミが報道しない
「事実」を世界に伝える
ネット・オピニオン番組

Youtubeにて
随時好評
配信中！

ザ・ファクト 検索

芸能文化 事業

NEW STAR PRODUCTION

ニュースター・プロダクション

「新時代の"美しさ"」を創造する芸能プロダクションです。2016年3月に映画「天使に"アイム・ファイン"」を、2017年5月には映画「君のまなざし」を公開しています。

公式サイト **newstarpro.co.jp**

ARI Production

ARI《アリ》 Production《プロダクション》

タレント一人ひとりの個性や魅力を引き出し、「新時代を創造するエンターテインメント」をコンセプトに、世の中に精神的価値のある作品を提供していく芸能プロダクションです。

公式サイト **aripro.co.jp**

大川隆法　講演会のご案内

大川隆法総裁の講演会が全国各地で開催されています。
講演のなかでは、毎回、「世界教師」としての立場から、幸福な人生を生きるための心の教えをはじめ、世界各地で起きている宗教対立、紛争、国際政治や経済といった時事問題に対する指針など、日本と世界がさらなる繁栄の未来を実現するための道筋が示されています。

8月2日 東京ドーム「人類の選択」

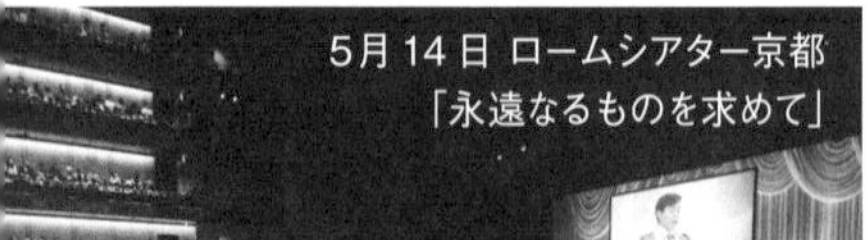

5月14日 ロームシアター京都「永遠なるものを求めて」

4月23日 高知県立県民体育館「人生を深く生きる」

2月11日 大分別府ビーコンプラザ・コンベンションホール「信じる力」

1月9日 パシフィコ横浜「未来への扉」

講演会には、どなたでもご参加いただけます。
最新の講演会の開催情報はこちらへ。 ⟹

大川隆法総裁公式サイト
https://ryuho-okawa.org